Ina Rösing
Jeder Ort – ein heiliger Ort

Ina Rösing

Jeder Ort – ein heiliger Ort

Religion und Ritual in den Anden

Benziger Verlag Zürich und Düsseldorf

Die Deutsche Bibliothek – CIP-Einheitsaufnahme

Rösing, Ina:
Jeder Ort – ein heiliger Ort :
Religion und Ritual in den Anden /
Ina Rösing. – Zürich : Benziger, 1997
ISBN 3-545-34144-5

Lithos: Jung Satzcentrum, Lahnau

Printed in Spain
ISBN 3-545-34144-5

Inhalt

Vorwort, Dank und Widmung

In der Welt der Anden ist die gesamte Umwelt heilig: Berge sind heilig, Quellen, Seen, der Boden unter unseren Füßen, die Wohnorte von Regen, Wind und Frost. Heilig ist auch die Opferstätte einer jeden Hütte, heilig ist jeder Ort, an dem ein Blitz einschlug, heilig sind Pässe, Felsen und Orte von *illa,* der Aura der Tiere. An allen diesen Orten hausen Gottheiten oder göttliche Kräfte.

Dieses Buch zeigt, wie Menschen leben in einer sakralen Umwelt, wie sie mit dieser allgegenwärtigen Sakralität umgehen, an ihr schuldig werden und sich von neuem versöhnen mit Umwelt, Natur und Welt der Götter. Es zeigt den Menschen in einer fest «geerdeten», in Mutter Erde gegründeten diesseitigen Spiritualität und in einem alltäglich gelebten Dialog mit den Göttern. Es kann uns leise Mahnung sein und Anregung für unseren eigenen Umgang mit Natur und Transzendenz. Um diese andine Weltauffassung zu vermitteln, wurden Texte und Bilder weniger nach ihrem ästhetischen Wert als nach ihrer Aussagekraft und ihrem Dokumentationsgehalt ausgewählt.

Bei der Gestaltung dieses Bandes gebührt einer Reihe von Menschen und Institutionen mein ausdrücklicher Dank. An erster Stelle danke ich den indianischen Bewohnern der Kallawaya-Region in den Anden, die mich in den vergangenen dreizehn Jahren gelehrt haben, ihre Religion, ihre Ritualistik und ihren Alltag zu verstehen.

Meine wichtigsten Lehrmeister waren die Kallawaya-Ritualisten, Heiler und Heilerinnen:
Válentin Quispe (gestorben am 21. 11. 1992),
Silvestre Blanco (gestorben am 21. 11. 1992),
Marcos Apaza (gestorben am 19. 7. 1992),
Ramón Álvarez (Chajaya),
Manuela Mamani (Huata Huata),
Vicente Kallampa (Toqoroqo)
Pascual Tapia (gestorben 1995)
Isidro Válentin Kuno Flores (Amarete)
Ubaldo Kuno (Amarete)
Francisco Ninaconde (Charazani)

Ihnen sage ich an erster Stelle meinen Dank, ohne die vielen Ritualisten und Heiler zu vergessen, die ich in Heilungen, Ritualen, auf Wegen und im Alltag begleiten durfte und von denen ich jeden Tag gelernt habe und noch lerne.

Dank gebührt auch meinen wichtigsten Mitarbeitern in Bolivien und Peru, Ginés Pastén,

Haydée Torres und Gloria Tamayo, den Institutionen, die meine Forschung in den Anden finanziell unterstützen: Robert Bosch Stiftung, Volkswagen-Stiftung und Deutsche Forschungsgemeinschaft, sowie meinen Mitarbeiterinnen in Ulm, die auch bei der Herstellung des Bandes tatkräftig geholfen haben, vor allem Silvia Gray, Christiane Wahl und Ulrike Ziegler.

Ich danke meinem *machu* Sillaka und dem Pachaqota sowie meinen *cabildos* Ch'anachiwan und Janaq Killa K'uchu, weil sie mich auf allen Andenwegen beschützt haben. Dank auch an Sigurd Diederich und Ilse Schwidetzky, die am längsten und kontinuierlichsten mit allem Interesse an meiner Andenforschung teilgenommen haben.

Dank sage ich auch all denjenigen Menschen hierzulande – aus jüngster Zeit nenne ich Traute Dattenberg-Holper, Ulrike Lauber-Kirchhof und Mechthild Hager –, die meine Liebe zur Kultur der Anden teilen, sie mit ihren Fragen immer wieder zutiefst lebendig werden lassen und die die Gratwanderung zwischen Verzauberung und kritischer Distanz zu gehen wissen.

Mein besonderer Dank gilt Peter Wild vom Benziger Verlag für die konstruktive und anregende Zusammenarbeit an diesem Band. Freundlicher Dank auch an Detlef Kantowsky, der diesen Kontakt herstellte.

Am meisten von allen Menschen danke ich Reinhardt Rüdel für die Begleitung in den Anden und die Begleitung hier.

Dieser Band ist Reinhardt Rüdel gewidmet.
Grimmelfingen, 21. November 1996

1. Teil

Religion und Ritual in den Anden
Eine Einführung

Die Anden: Wohnstätte der Götter

«Der Mensch der Anden lebt in einer Natur
voller fantastischer Erhabenheit: mit Bergen,
welche in ihrer Gestalt sich dem Himmel
und der Sonne anzunähern scheinen,
mit einem Altiplano von berauschender Endlosigkeit,
mit Tälern, die in ihrer Heiterkeit
und mit ihren tiefen Schatten beseelt sind
von einer Stimmung des Mysteriums.
In dieser seiner Landschaft suchte der Mensch der Anden
die Wohnstätte für seine Götter,
indem er diese Einsamkeit bevölkerte
mit Geistwesen und Fantasmen.» (Otero 1951)

Einführung

Diese Einführung in Religion und Ritual in den Anden, in Werte und Ethik der andinen Kultur, in ihre Konzepte von Heil- und Unheil-Sein, in den andinen Umgang mit den Kräften der Natur und dem Göttlichen basiert auf meiner 1983 begonnenen Feldforschung in der überwiegend Quechua-sprachigen Kallawaya-Region (Apolobamba-Kordillere, Provinz Bautista Saavedra) Boliviens und meinen Vergleichsuntersuchungen in der angrenzenden Aymara-sprachigen Region des Altiplano und der Region des Titicaca-Sees sowie in Südperu.

Ich werde im Kontext dieser Einführung nicht die allgemeinen Lebensbedingungen der andinen Indios behandeln. Ich werde weder ihre Wirtschafts-, Sozial- und Familienstruktur, noch ihre Geschichte und ihre Zukunft, d.h. ihren schwierigen Weg in die sogenannte Moderne behandeln. Auch sind im Rahmen dieser Einführung die regionalen Varianten und die unterschiedliche Traditionsgebundenheit verschiedener Regionen nicht so wichtig wie die Gemeinsamkeiten: das gemeinsame Substrat, die andine Religion. Hinweise auf diese hier nicht behandelten Themen finden sich jedoch im Literaturverzeichnis.

Hauptmerkmale der Andenreligion

Die Vielfalt der Götter und ihre Ortsgebundenheit

Wenn man als Andenindianer vor seine Hütte tritt und sich umschaut, weiß man sich allseitig umgeben von Gottheiten: Dort ist der Berg Akhamani, dann kommt der Pumasani, der Sillaka, der Esqani, der Qowila, der Tiliskón, der Atichamán, und jeder dieser Gipfel ist der Wohnort einer Gottheit.

Die Erde, Pachamama, Mutter Erde, ist die höchste Gottheit in den Anden. Wo immer man geht und steht und sich bewegt, ist man in Kontakt mit der höchsten Gottheit der Anden, der Mutter Erde. Und wo immer sich der Blick hinwendet, sieht man Gipfel, die von Gottheiten bewohnt sind.

Ist man in den Anden unterwegs, so begegnet man allenthalben einer Gottheit. Wenn ich zum Beispiel von meinem Dorf Charazani in das Nachbardorf gehe über den schmalen Saumpfad, den Berg hoch und dann wieder tief ins Tal hinunter und wieder hoch, dann passiere ich zwei Quellen, ich überschreite einen Fluß, und ich komme an einem Stein vorbei, der gespalten ist. Hier sind mir mehrere Gottheiten begegnet: An den Quellen wohnen göttliche Wesen. Und der Stein, den ich passiert habe, wurde vom Blitz gespalten. Nach der Mutter Erde ist der Blitz die höchste Gottheit der Anden. Der Blitz wird umschrieben mit dem Namen Santiago, Heiliger Jakob. Es ist wirklich nur eine Umschreibung, gemeint ist der einstige Gott des Blitzes Illapa.

Illapa ist die höchste Gottheit des Blitzes. Doch gibt es unzählige Götter des Blitzes. Wo immer ein Blitz einschlägt, nimmt eine Blitz-Gottheit ihre Wohnstatt.

Unter der Vielfalt der andinen Gottheiten gibt es nur eine lose Hierarchie. Nach Mutter Erde und den Gottheiten des Blitzes wird man die Gottheiten nennen dürfen, die auf den heiligen Bergen hausen. Sie werden *lugarniyoq* genannt, «Inhaber des Ortes», Herr über den heiligen Ort. Man nennt sie auch *machula* oder *achachila* – das eine ist ein Quechua-, das andere ein Aymara-Wort, und beides bedeutet «Großvater». Es heißt, daß die Gottheiten, welche die Inhaber der Berge sind, Ahnen der Menschen darstellen.

Doch stellt man sich diese Gottheiten nicht bildlich vor, etwa mit einer bestimmten Physiognomie, einem bestimmten Gesicht oder mit Händen, Haaren usw. – wie überhaupt die andinen

Gottheiten nicht verbildlicht werden. Sie sind außer mit ihrem Wohnort (Berge, Seen...) visuell nicht konkret. Wohl aber kann man sehr konkret mit ihnen in Zwiesprache treten.

Die meisten Gottheiten der Anden wird man als wohlwollend bezeichnen können – wohlwollend jedenfalls dann, wenn die Menschen sich den Gottheiten gegenüber richtig verhalten. Es gibt keine einfach nur grimmigen und bösen Gottheiten oder Geistwesen.

Gewiß, man kennt jene Geistwesen, welche *paypa* heißen. *Paypa* bezeichnet den Augenblick einer ganz bestimmten Beleuchtung zwischen dem sich senkenden Tag und der beginnenden Nacht, den jeder Indio dort unterscheiden kann, ein kleiner Augenblick von merkwürdigem Zwielicht. In diesem Zwielicht gehen die *paypa*-Geister um, und diese sind durchaus gefährlich. Sie sind nicht bösartig, sie sind einfach potentiell gefährlich. Man kann durch eine Begegnung mit ihnen krank werden, aber man kann sich als Mensch auch gegen diese Gefahr vorab schützen. Also nur Unachtsamkeit seitens des Menschen macht diese Geistwesen gefährlich.

Auch die Gottheiten, die an Quellen hausen, werden manchmal als gefährlich angesehen, ebenso wie die Inhaber von Seen und Flüssen. Aber all diese Wesenheiten sind nicht primär zornig und bösartig, sondern sie sind nur potentiell gefährlich, und man muß als Mensch besondere Achtsamkeit walten lassen, um nicht durch die Begegnung mit ihnen krank zu werden.

Auch wenn die Hierarchie unter den Gottheiten der Anden nicht sehr ausgeprägt ist, so haben sie doch sehr unterschiedliche Zuständigkeiten:

Einige der Gottheiten, die auf den heiligen Bergen wohnen, sind speziell zuständig zum Schutz der Nahrung, andere für Witterungsbedingungen – Regen, Hagel, Blitze. Die Gottheiten an Seen und Quellen haben eine spezielle Zuständigkeit für den Regen.

Auf den Höhen des Altiplano, auf 4000 bis 4400 m, dort wo die Aymara-sprechenden Lama- und Alpaka-Züchter wohnen, haben die Quellen auch eine ganz besondere Macht über die Aura der Tiere. Diese Quellen sind *illayoq*. *Illayoq* ist sehr schwer zu übersetzen, ich behelfe mich mit «Aura» eines Tieres. Diese Quellen haben also Macht über die Aura des Tieres, oder ihre Seele, und können bestimmen, ob es den Tieren gut geht, von denen die Menschen leben.

Die Vielfalt der Anden-Götter ist buchstäblich unzählig. Denn es können ständig neue Gottheiten entstehen – einmal durch Witterungsbedingungen und zum zweiten durch die Hand des Menschen:

Es gibt, wie erwähnt, nicht nur eine Gottheit des Blitzes, Santiago oder Illapa, sondern so viele Gottheiten des Blitzes, wie es Orte des Blitzeinschlags gibt. Wo ein Blitz auf der Erde eingeschlagen hat, dort entsteht ein heiliger Ort, dort nimmt eine Gottheit des Blitzes ihren Wohnort. Ein Gewitter in den Hochanden ist ein sehr dramatisches Ereignis. Was da an Blitzen zuckt, ist eindrucksvoll. Während eines heftigen Gewitters können zehn, zwanzig, dreißig und mehr neue Gottheiten entstehen.

Zweitens werden Gottheiten auch geschaffen durch des Menschen Hand. Wie ist das zu verstehen? – Zu jeder Hütte in den Anden gehört ein *ch'an,* auch *cabildo* genannt. *Ch'an* ist die Opferstätte der Hütte. In solchen entfernten andinen Regionen wie die Apolobamba-Kordillere gibt es keine Hütte ohne *ch'an.* Man könnte die Hütte nicht schützen, man könnte überhaupt keinen religiösen und rituellen Akt vollziehen ohne diese Stelle, an welcher die für die Götter bereiteten Opfergaben verbrannt werden.

Das *ch'an* ist eingerichtet im Winkel des Hofes, möglichst auf der rechten Seite der Hütte, möglichst in Richtung Osten, weil das die guten Seiten sind, möglichst im Winkel, so daß die Tiere und Menschen nicht darauf treten. Das *ch'an* ist ein Ort an der Erde, zugedeckt mit einem großen Stein. Wenn die Opfergaben verbrannt werden, dann hebt man den Stein auf und verbrennt die Opfergaben an der Stelle unter dem Stein.

Dieses *ch'an* ist das «Nest des Kondor», es ist bewohnt von der «Gottheit der Wohnstatt»: Wenn man eine neue Hütte baut – genauso war das, als ich meine Hütte in den Anden gebaut habe –, dann muß man auch ein *ch'an* einrichten, eine Opferstätte. Und mit der Einrichtung dieses *ch'an* – das geschieht nur durch einen erfahrenen Heiler oder Ritualisten – hat man einen Ort geschaffen, an dem eine Gottheit wohnt, eine Gottheit, die besonders zuständig ist für das Wohl der Hütte.

Wie deutlich geworden, sind die allermeisten Gottheiten der Anden ortsgebunden: Gottheiten auf den Bergen, Gottheiten an Steinen oder Orten des Blitzes, Gottheiten an den Quellen, Gottheiten auf einem Paß, Gottheiten an einem See. Es gibt weibliche und männliche Seen. Der Blitz ist männlich. Die Berge sind weiblich, wenn sie für Nahrung zuständig sind. Sonst sind sie männlich.

Auch die Opferstätten der Hütten können männlich und weiblich sein

Nur Mutter Erde ist nicht ortsgebunden. Sie ist überall. Sie ist weiblich.

Das bedeutet, daß man auf einem Weg durch die Anden ständig Gottheiten begegnet. Für das Verhalten eines Andenindianders hat das nachhaltige Konsequenzen. Diese ergeben sich aus der Beziehung, die zwischen Göttern und Menschen besteht.

Die Beziehung von Göttern und Menschen und der Wert der Reziprozität

Die Beziehung zwischen Göttern und Menschen ist geprägt von dem Wert der Reziprozität, der Gegenseitigkeit. Es ist dies ein allgemeiner Wert in den Anden. Die Beziehung unter den Menschen ist auch geprägt von Reziprozität: Mir hilft jemand bei dem Bau meiner Hütte, dann ist es ganz selbstverständlich, daß ich, ohne daß ich gerufen werde, auch zur Stelle bin und mithelfe, wenn er eine Hütte baut oder aber ein naher Verwandter von ihm.

Wenn meine Kartoffelernte dürftig ausgefallen ist und ich nicht rundkomme und mir Verwandte oder andere Dorfbewohner aushelfen, dann ist es ebenso selbstverständlich und ungefragt, daß ich zu einem späteren Zeitpunkt das Gleiche tue.

Diese Reziprozität ist ein ungeschriebenes, selbstverständliches und verbindliches Gesetz der sozialen Beziehungen in den Anden. Und es prägt auch die Beziehung zwischen den Menschen und den Göttern.

Die Götter haben Macht über alles, was dem Menschen wichtig ist: über Gesundheit und Krankheit, über die Ernte, über das Wohlergehen des Viehs, über das Gelingen einer Reise – alles erdenklich Gute ist in der Hand der Götter.

Aber Götter geben nicht, ohne daß sie auch empfangen. Das ist die Reziprozität. Sie geben das Gute, wenn die Menschen ihnen auch etwas geben. Und sie erwarten zweierlei: Achtung oder Ehrerbietung sowie Speise und Trank.

Achtung, Ehrerbietung bedeutet, daß man keinen Wohnsitz einer Gottheit passiert ohne eine Geste der Begrüßung. Man wird nie einfach an diesen Orten vorbeigehen, man wird sich nie einfach hinsetzen und ausruhen und anfangen, seine

Wegzehrung auszupacken, ohne daß man der Gottheit dieses Ortes seine Ehrerbietung bringt.

Das geschieht zum Beispiel dadurch, daß man ein paar Cocablätter – Cocablätter sind heilig – in einem Sträußchen in seiner Hand sammelt und mit einem kleinen Gebet an der Stelle niederlegt, wo die Gottheit haust oder auch nur in Richtung ihrer Wohnstatt. Das ist eine Geste der Ehrerbietung, die man niemals vernachlässigen wird, denn, wenn man nicht gibt, kann man auch von den Gottheiten nicht erwarten, daß sie einem geben, daß sie einen zum Beispiel auf allen Wegen beschützen.

Das zweite, was die Gottheiten von den Menschen erwarten, ist Speise und Trank. Alle Gottheiten wünschen Speise und Trank. Das sind die Opfergaben, welche die Menschen bereiten. Die Ingredienzen, die einzelnen Bestandteile einer Opfergabe, werden angesehen als verschiedene Gerichte oder als Gewürze der Speise für die Gottheit. Auch zu trinken bietet man ihnen an, sei es reinen Alkohol oder Wein oder das Blut eines Opfertieres. Man versprüht den Trunk in Libationen *(ch'alla)*.

Was geschieht, wenn die Menschen diese Ehrerbietung gegenüber den Göttern und die Darbietung von Speise und Trank vernachlässigen?

Die Hierarchie der Signale und der Begriff der Opferschuld

Wenn Menschen den Gottheiten das verweigern, was ihnen zusteht und was sie von den Menschen erwarten, dann gerät der Mensch in Opferschuld. Opferschuld ist nicht Sünde. Opferschuld ist nicht schuldig sein. Opferschuld ist auf dem Hintergrund des Wertes der Reziprozität, der Gegenseitigkeit, ein Defizit im Geben. Es ist, ganz wörtlich genommen: Schulden haben, nicht: schuldig sein.

Da die Gottheiten geben in Erwiderung zu den Gaben der Menschen, bedeutet das, daß die Gottheiten auch ihr Wohlwollen von den Menschen abziehen, wenn Opfergaben fehlen. Nun tun sie dies nicht mit einem Schlag, sondern sie schicken erst einmal kleine Signale, die kleinen Signale des Unheils. Man stolpert vielleicht auf dem Weg und verletzt sich den Knöchel. Jeder Andenindianer wird dies als ein kleines Signal ansehen, ein Unheil, das eine transzendente Dimension hat. Es ist nicht einfach ein Zufall. – Oder bei dem Weiden der Schafe stürzt ein Schaf. Oder man sitzt in der Hütte, und plötzlich bricht ein Dachbalken in der Hütte, und der Korb, in dem das Werkzeug aufgehoben ist, fällt zu Boden. All das sind kleine Signale, die Gottheiten schicken können, um den Menschen mitzuteilen, daß im weitesten Sinne etwas nicht in Ordnung ist, daß Geben und Nehmen, daß Geben und die Gaben nicht im Gleichgewicht sind.

Wenn man diese kleinen Signale der Gottheiten nicht versteht oder wenn man nicht weiß, an welcher Stelle und an welchem Ort und zu welcher Zeit möglicherweise ein solches Schulden-Haben, ein In-Opferschuld-Geraten geschehen ist, dann werden die Signale sich verstärken – dann wird vielleicht ein Kind krank, oder man wird selber krank, oder noch größeres Unheil trifft die Hütte, Hungersnot, Tod...

Opferschuld hat nun einige Merkmale, welche die Welt des Andenindianers zunächst als eine Welt ungeheuerlicher Bedrohung und endlosen Ausgeliefertseins erscheinen läßt: ihre grundsätzliche Unvermeidbarkeit, die Inkubationszeit über Generationen, ihre kollaterale Wirkung.

(1) Grundsätzlich unvermeidbar ist Opferschuld deshalb, weil es ja unzählige Gottheiten gibt und ein Mensch von vielen Gottheiten überhaupt keine Kenntnis hat. Auf einem langen Weg in den Anden mag man vielleicht drei, vier oder zehn Stellen passieren, an denen der Blitz einschlug – aber woher soll man das wissen? Woher soll man wissen, wo auf diesem langen Weg je der Blitz einschlug? Also wird man unvermeidlicherweise an vielen Orten achtlos vorbeigehen, keine Cocablätter niederlegen und keine kleinen Gebete sprechen für die Gottheit des Blitzes, die daselbst haust, also keine Ehrerbietung bringen und keine Speise anbieten. Und schon kann man in Opferschuld geraten.

(2) Außerdem kann Opferschuld vererbt werden. Vielleicht habe ich gar nichts versäumt. Trotzdem kann ich in Opferschuld geraten. Denn es kann sein, daß der Großvater den Stein des Blitzes, der hinter dem Haus liegt, einen Stein, der vom Blitz gespalten ist, in seinen letzten zehn Jahren nicht mehr mit Opfergaben versehen hat. Und dadurch ist er in Opferschuld geraten. Diese seine Opferschuld wird vererbt auf den Sohn, und diese wird vererbt auf den Enkel. Und all die kleinen Signale, welche die Gottheit des Blitzes vielleicht geschickt haben mag, sind überhört worden, und jetzt, in der dritten Generation, ist dann vielleicht das Signal so deutlich, daß es nicht mehr zu überhören ist, zum Beispiel durch schwere Krankheit

in der Familie. Opferschuld ist also durchaus nicht etwas, wofür man persönlich immer verantwortlich ist. Die Verantwortung kann Generationen zurück liegen.

(3) Drittens wirkt Opferschuld kollateral. Es kann sein, daß mein Bruder oder meine Schwester oder ein Vetter Opferschulden hat, die sich aber dann bei mir auswirken. Denn eine Familie ist als Einheit zu sehen, und die Opferschuld kann sich irgendwo in dieser Einheit auswirken.

Wenn man diese drei Merkmale der Opferschuld betrachtet – (1) ihre grundsätzliche Unvermeidbarkeit wegen der Vielzahl der Götter und der Unmöglichkeit, die Wohnorte aller Gottheiten zu kennen, und (2) ihre Vererblichkeit, also die lange Inkubationszeit, welche die Opferschuld haben kann, und (3) ihre kollaterale Wirkung – erscheint es zunächst vollkommen unmöglich, daß ein Mensch Opferschuld vermeiden und den sich verdichtenden Signalen von Unheil entkommen kann. Heißt dies, daß die Welt der Anden eine Welt darstellt, in welcher der Mensch dieser unausweichlichen Logik der Opferschuld ausgeliefert ist?

Bevor diese Frage beantwortet werden kann – und sie ist mit Nein zu beantworten –, müssen noch das Gebet in einem andinen Ritual und die Bereitung von Opfergaben betrachtet werden.

Gebet als Dialog mit den Göttern

Ein Ritual in den Anden, vor allem ein Kallawaya-Heilungsritual, ist begleitet von buchstäblich stundenlangen Gebeten. Die Gebete sind eine Art Zwiesprache, die der Heiler oder Ritualist mit den Gottheiten hält. Er wendet sich an die Gottheiten und sagt: Ihr habt Macht über dies, ihr habt Macht über jenes. Hier stehe ich, dein Sohn, der gewohnt ist, dir zu dienen, und ich möchte dir heute diese und jene Bitte vortragen, schau, dafür biete ich dir auch Opfergaben an usw.

Ein solches Gebet ist nicht nur imaginäre Zwiesprache mit den Gottheiten, sondern es trägt auch immer die Diktion der Reziprozität, d.h. eine Sprechweise, in der die Gegenseitigkeit zum Ausdruck gebracht wird. Ein Heiler pflegt zu sagen:

Pachaqota machula (Gottheit des Sees Pachaqota), schau, ich bin den langen Weg hierher gekommen zu dir, um dir diese Opfergaben darzubringen, sieh, was ich dir bringe, sieh, welche köstlichen Speisen ich dir bereitet habe, frisch ist es zu dir gekommen, in glühendem Rot biete ich dir Nelkenblüten dar... Er verweist also auf das, was er gibt und spricht dann weiter in seinem Gebet: Und so bitte ich dich dann auch, daß du diese Speisen annimmst und daß du mich beschützt und gesund machst... Es wird also verwiesen auf das Geben und es wird verwiesen auf das, was man dann als Gabe von den Gottheiten bekommen möchte. Das ist gemeint mit der Diktion der Reziprozität in einem Gebet.

Ein andines Gebet besteht aus unzähligen Anrufungen, aus imaginären Dialogen und vielfältigen ausschmückenden Formeln, die von Heiler zu Heiler variieren. Eine solche ausschmückende Formel ist zum Beispiel das «Zwölffach» (zwölffacher Blitz, zwölffacher Ankari) und das «aus Gold/aus Silber» (Lamafötus aus Gold, Lamafötus aus Silber). Eine weitere sehr wichtige, von allen Heilern und Ritualisten verwendete Formel ist *makinmanta,* «von seiner Hand». Gemeint ist die Hand eines Ritualisten, oft auch namentlich genannt. Wir würden sagen: «im Geist von...». Aber in den Anden ist es im Sinne der Hand des Ritualisten, denn sie schwingt die Weihrauchschale, bereitet die Opfergaben, macht die Libation. Das Initiationsritual für einen Heiler heißt deshalb auch Ritual zur «Übertragung der Hand». Mit der Formel *makinmanta* stellt sich der betende Ritualist in den Kreis anderer Heiler und Ritualisten. Berufen wird ein Heiler durch den Blitz oder durch Zwillingsgeburt. Deshalb heißt die Formel auch manchmal «von den Händen der Zwillingsgeburt» oder «von den Händen der Blitzgeschlagenen». Auch im «Geist der Hände der Toten» betet man, denn auch der verstorbenen Ritualisten wird noch gedacht.

Eine weitere wichtige Formel kommt ebenfalls in fast jedem Gebet vor. Sie heißt: *Yuyasqa, mana yuyasqa,* manchmal auch *aysarisqa, mana aysarisqa.* Dies sind Adjektive, die vor die Anrede einer Gottheit gestellt werden und wörtlich übersetzt bedeuten: Erinnerte und nicht erinnerte (Gottheiten).

Diese Formel bezweckt folgendes: In jedem Gebet werden viele Gottheiten mit Namen angesprochen: mit dem Namen des heiligen Berges, dessen «Inhaber» sie sind, mit dem Namen der Quelle, des Sees. Aber darüber hinaus gibt es viele Gottheiten, die nicht angesprochen werden, man kann ja auch nicht alle Gottheiten ansprechen. Doch in der Formel «vergessene und nicht vergessene Gottheiten» sind – gewissermaßen kollektiv und prophylaktisch – alle überhaupt denkbaren Gottheiten miteinbezogen.

Die Anden-Gottheiten sind also bescheiden. Wenn sie auch nur in dieser Formel «erinnerte und nicht erinnerte Gottheiten» mit einbezogen sind, so entsteht keine Opferschuld. Es ist eine prophylaktische Formel zur Vermeidung der Opferschuld.

Doch nicht nur die sakrale Sprache, auch das Handeln des Heilers oder Ritualisten kennt prophylaktische Formeln. Dies wird bei der Opferbereitung deutlich.

Opfergabenbereitung

Opfergaben werden in der Regel bereitet in kleinen Watte-Nestern, «Opfer-Teller» nennt man sie in Analogie zu der «Speise», die man dort hineinpackt, d.h. die Ingredienzen, die in diese einzelnen Opfergabennester eingelegt werden. Das wichtigste Ingredienz ist das heilige Cocablatt, dann Krümel von Lamatalg – Lama ist ein heiliges Tier –, Weihrauchkrümel, Blüten von Nelken und viele Ingredienzen mehr.

Jedes dieser Opfernester hat eine bestimmte Zuordnung oder Bestimmung, ist entweder einer bestimmten Gottheit zugeordnet, zum Beispiel der Gottheit, die an dem *ch'an,* der Opferstätte der Hütte, haust. Ein Opfergabennest für das *ch'an* darf nie fehlen. Man kann keine Opfergaben in der eigenen Hütte bereiten und die Gottheit, die am *ch'an* der Hütte haust, vernachlässigen.

Ein anderes Opfernest ist stets für Mutter Erde bestimmt als der wichtigsten Gottheit, weitere für die heiligen Berge, die das Dorf umgeben.

Dann gibt es auch ein Opfernest für die Gottheit Ankari. Ankari wird verstanden als der «Diener» der heiligen Orte. Ankari ist Bote. Ankari wird im Medium des Rauches des Opferfeuers die Gaben, die für Gottheiten an vielleicht fernen Orten bestimmt sind, hinbringen und dort abliefern. Ankari ist der Bote, der unsere Gaben zu den Gottheiten bringt. Und damit er das tut, wird man ihm auch eine Opfergabe bereiten: Ihm schmeckt vor allem ein Hühnerei.

Auf diese Weise hat jedes dieser Opfergabennester seine Bestimmung. Welche Gottheiten einer besonderen Ehrerbietung bedürfen, hängt ab von der Lage des Dorfes, vom Anlaß des Heilungsrituals und von der Biographie des Menschen.

(1) Die Bestimmung der Opfergabennester hängt von der Lage des Dorfes ab, weil jedem Dorf bestimmte Gottheiten in besonderer Weise zu-

geordnet sind – die Gottheiten, die auf den Bergen hausen, welche dieses Dorf umgeben – und weil für jedes Dorf Jahr um Jahr ein *watayoq* bestimmt wird. *Watayoq* heißt «Inhaber des Jahres». Es ist ein heiliger Ort (der auch in großer Ferne vom Dorf liegen kann), welcher dieses Dorf dieses Jahr besonders begleitet. Dem *watayoq* muß stets besondere Aufmerksamkeit gezollt werden.

(2) Die Bestimmung der Opfergaben hängt auch ab vom Anlaß des Rituals. Geht es in einem Heilungsritual zum Beispiel vor allem um das Geschlagensein vom Blitz, werden die Gottheiten des Blitzes eine besondere Rolle spielen.

(3) Die Biographie des Menschen hat auch eine Bedeutung bei der Bestimmung der Opfergabennester und bei der Auswahl der Gottheiten, für die ein solches Opfergabennest bereitet wird:

Ein jeder Mensch hat einen *machu. Machu* ist eine Abkürzung von *machula,* Großvater, also für «Gottheit». Diese Gottheit, also ein bestimmter heiliger Ort, ein heiliger Berg, ein heiliger See usw., wird von einem Heiler für diesen Menschen durch das Lesen der Cocablätter ausgewählt. Und dieser heilige Ort wird nun den Menschen sein ganzes Leben lang besonders mit Schutz und Wohlwollen begleiten, ist also diesem Menschen in besonderer Weise zugeeignet. Andererseits hat der Mensch auch eine ganz besondere Verpflichtung, seinem *machu,* seinem ihm eigens zugeordneten heiligen Berg, der ihm zugeordneten Gottheit, besondere Achtsamkeit zu schenken.

Dann gibt es noch eine weitere Klasse von Opfergabennestern, bei welchen nicht bestimmte Gottheiten angesprochen sind, sondern durch die Speisen, die man in diese Opfergabennester einlegt, generisch alle Gottheiten gemeint sind. Mit diesem Einlegen von «Speise», mit diesem Geben, drückt man aus, was man sich wünscht. Das sind die sogenannten Wunsch-Nester.

Wenn es in einem Heilungsritual zum Beispiel um die Gesundheit eines Kindes geht, dann werden gewiß ein paar von Opfergabennestern für die Gesundung dieses Kindes bereitet. Auch können die anderen Wünsche, die eine Familie hat (zum Beispiel: daß die Kartoffelernte dieses Mal besser sein wird als das letzte Mal, daß der Sohn nicht so viele Konflikte im Dorf schaffen möge), in einzelnen Opfergabennestern («Wunsch-Nestern») ausgedrückt werden.

Im Blick auf die zunächst unvermeidlich erscheinende Opferschuld aber ist *ein* Opfernest ganz besonders wichtig. Es heißt: *faltanraq,* übersetzt: Es könnte noch etwas fehlen. – Es ist unmöglich, allen Gottheiten ein Opfergabennest zu bereiten. Aber wenn wir ein Opfernest haben, mit der Bedeutung «es könnte noch irgendeine Gottheit fehlen», so ist dieses Opfergabennest genauso wie die Formel *yuyasqa, mana yuyasqa* – «erinnerte oder nicht erinnerte Gottheiten» – eine kollektive Gabe für alle Götter, für die wir kein spezielles Opfergabennest bereitet haben oder bereiten können.

So gibt es also eine sakrale Formel im Gebet *(yuyasqa, mana yuyasqa),* und es gibt eine Formel der Handlung, die Bereitung eines Opfergabennestes *faltanraq* («es könnte noch etwas fehlen»), um Opferschuld prophylaktisch zu vermeiden.

Die wichtigste Weise aber, um Opferschuld zu vermeiden, ist die Durchführung eines großen, prophylaktischen Heilungsrituals. Man wartet als Andenindianer nicht, bis Unheil über die Hütte kommt oder Signale des Unheils sich häufen. Vielmehr bereitet man zu einer bestimmten Zeit, zum Beispiel im August, der als ein für den Empfang der Gaben für die Gottheiten besonders güngstiger Monat angesehen wird, ein großes Heilungsritual (obwohl kein Unheil vorliegt), um mit vielen Opfergaben für viele Gottheiten und mit den Formeln von *yuyasqa, mana yuyasqa* und dem Opfergabennest *faltanraq* prophylaktisch den Gottheiten Ehrerbietung darzubringen sowie Speise und Trank. In diesem und in allen anderen Ritualen spielt die Bitte um Vergebung eine große Rolle. Nicht «Sünden» sollen vergeben werden, nicht Schuld, sondern Schulden.

Opferschuld als Krankheitsursache

Opferschuld wird, wie dargestellt, als Anlaß allen erdenklichen Unheils gesehen. Und selbstverständlich ist Opferschuld immer auch eine Mit-Ursache von Krankheit. Keine Krankheit, die ein Heiler diagnostiziert, bei der er nicht auch die Frage nach der Opferschuld stellt. Denn: Wenn man in Opferschulden gerät, dann ist das so, als wenn das «Immunsystem» geschwächt wäre. Und auf diese Weise können jede Ansteckung, jede Infektion und jedes sonstige Unheil leichter nach einem Menschen greifen. Und da Opferschuld-Haben oder -Nicht-Haben gewissermaßen die «Stärke» des Immunsystems bestimmt, kann es keine Krankheit geben, bei der nicht Opferschuld auch eine Rolle spielt.

Dies bedeutet aber auch, daß man etwas dazu beitragen kann, Krankheit zu vermeiden, indem man sich um Freiheit von Opferschuld bemüht, d.h. um ein «starkes Immunsystem».

Zusammenfassende Charakterisierung der Andenreligion

Die Andenreligion ist gekennzeichnet durch eine Vielfalt von Gottheiten in einer losen Hierarchie. Die Vielzahl ist wörtlich genommen unzählig, denn sowohl die Natur, als auch die Hand der Menschen schaffen ständig neue Gottheiten – die Natur durch den Einschlag des Blitzes, und die Hand der Menschen durch die Einrichtung des *ch'an,* der Opferstätte einer Hütte.

Nahezu alle Anden-Gottheiten sind ortsgebunden, wohnen an einem bestimmten, konkreten, benennbaren Ort. Anden-Götter sind nicht prinzipiell böse. Sie sind zunächst einmal wohlwollend. Aber das Wohlwollen hängt ab von der Reziprozität der Beziehung zwischen Menschen und Göttern.

Reziprozität heißt: ein Gleichgewicht im Nehmen und Geben. Die Gottheiten können all das geben, was Menschen wichtig ist. Und die Menschen geben den Gottheiten Ehrerbietung auf der einen Seite und Opfergaben, d.h. Speise und Trank, auf der anderen.

Wenn diese Reziprozität des Gebens und Nehmens gestört ist, wenn also ein Defizit des Gebens auf Seiten der Menschen existiert – dann entsteht Opferschuld.

Opferschuld ist die umfassendste Kategorie der Krankheitsursachen und der Ursachen von Unheil, die der Andenindianer kennt.

Opferschuld erscheint zunächst angesichts der Ubiquität und der Vielfalt der Anden-Götter und der ständigen Neu-Schöpfung von Anden-Göttern unvermeidbar.

Es gibt jedoch durch Gebet und Ritual die Möglichkeit, diese umfassende Krankheitsursache, genannt Opferschuld, ein Schuldig-Sein im Geben, zu vermeiden. Die Andengötter, die allenthalben sichtbar sind in der Natur (Berge, Quellen, Erde...), fordern, daß eine ständig wache Achtsamkeit zur alltäglichen Grundhaltung des Menschen wird.

Andenreligion und Christentum. Die Aufhebung eines Widerspruchs und die Überlebenskraft der Andenreligion

Es gibt noch einen anderen Weg, die Andenreligion zusammenfassend zu charakterisieren: in der Kontrastierung zum Christentum. Im Christentum heißt es im ersten Gebot: Ich bin der Herr dein Gott, du sollst keine anderen Götter haben neben mir. In der Andenreligion gibt es keine solche eifersüchtige oder egozentrische Gottheit.

In der Andenreligion gibt es auch nicht einen solchen Begriff wie göttliche «Gnade», welche unabhängig von dem Handeln des Menschen wäre. «Gnade» kann ein Andenindianer nur schwer verstehen.

Allein unter diesen beiden Aspekten betrachtet, erscheint es so, als seien Andenreligion und Christentum nicht leicht vereinbar.

Nun ist es aber so, daß alle Andenindianer auch Katholiken sind. Sie lassen ihre Kinder taufen, sie lassen sich auch gerne kirchlich trauen. Sie bezeichnen sich als Katholiken.

Nicht nur ist jeder Andenindianer Katholik, sondern selbstverständlich ist jeder Andenindianer auch auf das Tiefste religiös im Sinne der Andenreligion. Er hat also zwei Religionen in seiner Brust – und zwar Religionen, die sich doch an entscheidenden Punkten widersprechen. Wie vereint das der Andenindianer in seiner Seele? Hierzu möchte ich fünf Antworten geben.

Zuständigkeitsspaltung

Ein erster Weg, diesen Widerspruch zu lösen, ist die Zuständigkeitsspaltung. Sie ist am besten zu illustrieren am Beispiel der indianischen Katecheten. Die Katholische Kirche bildet in den Anden Indianer zu Katecheten aus. Sie sind dann die Verbindung zwischen der Katholischen Kirche, der institutionalisierten Kirche, auf der einen Seite, und dem Dorfleben auf der anderen. Denn nicht jedes kleine Andendorf wird von einem Priester versorgt.

Mich hat nun besonders interessiert, wie gerade die Katecheten, die ja eine recht eindringliche Ausbildung durch die Katholische Kirche erhalten und die natürlich gleichzeitig die andine Religion praktizieren, es fertigkriegen, diese beiden Religionen zu vereinbaren. Und ich habe mich in vielen langen Gesprächen (mit den Katecheten fast jeden Dorfes der Kallawaya-Region der Antwort angenähert, indem ich zum Beispiel wissen wollte:

«Sag mal, wenn dein Vieh Krätze hat, wo wendest du dich hin, wo suchst du Hilfe, was tust du dann?» Oder: «Dein Kind wird krank, was tust du dann? Es ist ja so, daß jedes Problem gewissermaßen seinen Weg hat. Wenn wir ein juristisches Problem haben, gehen wir vielleicht zum Richter. Und wenn wir krank sind, Husten haben, gehen wir vielleicht zum Medizinmann. So hat jedes Problem seinen Weg. Und in dem Sinnne frage ich dich, was tust du, sagen wir mal, wenn die Kartoffelernte schlecht ist? Wenn dein Kind krank ist?»

In diesen Gesprächen, die ich natürlich behutsam einleite und einbette, wird folgendes deutlich: In allem, was für diese Katecheten, Andenindianer und Gläubige in der andinen Religion konkret ist, die Gesundheit seines Kindes, die Frage, ob sein Vieh Krätze hat oder nicht, ob sein Vieh gedeiht oder nicht, ob sein Acker Kartoffeln trägt oder nicht, ob der Blitz einschlägt oder nicht, wendet sich auch der Katechet, ausgebildet im Glauben der Katholischen Kirche, stets an die Andengötter. Er bereitet Opfergaben, er bittet die Gottheiten, die für diese verschiedenen Probleme zuständig sind, um ihre Hilfe, und er betet zu ihnen. Nichts von «Du sollst keine anderen Götter haben neben mir».

Wenn ich in meinen Gesprächen viele solche konkreten Probleme genannt hatte und «Gott» nicht vorkam, habe ich dann am Schluß doch auch immer gefragt: «Und wann wendest du dich an Gott?» Oder: «Wofür wendest du dich an Gott?»

Die Antworten sind immer in diesem Sinne: Oh, an Gott wende ich mich *ch'uwa sonqo kanaypaq* – um reinen Herzens zu sein. Oder: Oh, ich wende mich an Gott, um selig zu werden usw. Das sind dann immer Formulierungen, die ganz abstrakt sind, ganz abgehoben, ganz umfassend und nichts mit dem konkreten alltäglichen Leben zu tun haben, welches die Andenindianer führen.

Zuständigkeitsspaltung in der Vereinbarung von Andenreligion und Christentum bedeutet also, daß der Gott der Christen einfach in einem anderen Bereich für zuständig gehalten wird als die Andengötter, und zwar im Bereich des Abstrakten und Hehren.

Zunächst ist es oft so, daß Katecheten durch die Lehren der Katholischen Kirche verunsichert sind und erst einmal die Andenreligion ein wenig in den Hintergrund treten lassen oder sogar einstellen. Aber das dauert meist nicht lange. Besonders eindrucksvoll fand ich die Geschichte des Katecheten Isidoro, der sagte: «Du, ich hab' dann ein Jahr keine Opfergaben bereitet, und weißt du, was passiert ist? Zwei meiner Kinder sind gestorben. Du erinnerst dich an diese Epidemie seinerzeit, mit den schweren Infektionen. Ja, und in vielen Familien ist ein Kind gestorben, aber in meiner Familie sind zwei Kinder gestorben. Warum sind in meiner Familie zwei Kinder gestorben? Ich bin in Opferschuld geraten, die Götter haben mich gestraft! Und von diesem Augenblick an bin ich selbstverständlich zurückgekehrt zu meiner Religion!» Zu «meiner Religion», sagte Isidoro, der Katechet. Er meint: zur Andenreligion.

Die Tatsache, daß es immer wieder Unheil gibt, Leben und Welt so gestaltet sind, und die Tatsache, daß Unheil im Denken des Andenindianers als durch Opferschuld bedingt angesehen wird, diese beiden Punkte bewirken notwendig eine immer wieder neue Rückkehr zur Andenreligion. Was das bedeutet, werde ich noch genauer ausführen.

Sprachliche Anpassung

Schauen wir uns erst einen zweiten Weg an, wie ein Andenindianer das Christentum und die Andenreligion miteinander vereinbart und auch Konflikte und «Mahnungen», sagen wir seitens des Priesters, vermeidet. Da gibt es auch eine Art von sprachlicher Anpassung. Das kann man am besten an der Formal *licenciaykicheqmanta* verdeutlichen.

Licenciaykicheqmanta heißt wörtlich: mit eurer Genehmigung. Und es ist eine Formel, die jedes rituelle Handeln und jedes Gebet einleitet. Auf diese Weise wird zum Beispiel nachgefragt, ob die Anwesenden und ob die Gottheiten einverstanden sind, daß man das vollzieht, was man jetzt zu vollziehen vorhat.

Die Umstehenden, die Teilnehmer an einem Ritual, geben auf diese Frage «mit eurer Genehmigung» auch immer eine Antwort. Dabei gibt es zwei verschiedene Antwort-Formeln. Die eine Antwort heißt: mit Genehmigung Gottes. Und die andere Antwort heißt: mit der Genehmigung unseres *ch'an,* also unserer Opferstätte. Die erste Antwort ist eine katholische, die zweite eine andine.

Ich habe eine weite Region der Anden untersucht und Rituale in all diesen Dörfern dokumentiert, und ich habe festgestellt, daß die Verteilung der Antworten auf die Frage *licenciaykicheqmanta* – «mit eurer Genehmigung» abhängig ist von der Entfernung zum Ort der Hauptkirche. In Dörfern, die dem Hauptdorf und der Kirche näher liegen, wird die Formel «mit Gottes Genehmigung» verwendet. Und je weiter man von der Präsenz der Katholischen Kirche wegkommt, desto eher wird die Formel «mit der Genehmigung des *ch'an*» verwendet.

Für mich bedeutet das nur, daß im Umfeld der Katholischen Kirche einfach eine Umformulierung einer ganz alten, traditionellen andinen Formel vorgenommen wird, eine rein sprachliche Anpassung, deren Vorteil es ist, katholisch zu «klingen».

Verschlüsselung

Verschlüsselung ist ein dritter Weg, Andenreligion und Christentum zu vereinbaren. Ich war einmal bei einem Aymara-Indianer, einem Alpaka-Züchter in seinem Dorf, in Toqoroqo, auf 4200 m Höhe, und er ließ von einem Ritualisten eine Opfergaben-*mesa* bereiten. Sie bestand aus zwölf verschiedenen Opfernestern, und jedes Opfernest trug den Namen eines Heiligen, also für den Sankt Paulus und für den Sankt Petrus usw. Ich dachte: Den Heiligen der Katholischen Kirche werden also offenbar auch Opfergaben bereitet. Wenn ein Priester zu dieser Opfergabenbereitung dazugekommen wäre, hätte er sich gewiß gefreut.

Die Lehren allerdings, die ich bei eben diesem Ritualisten dann bekommen habe, haben mich eines anderen belehrt.

Wofür ist zum Beispiel das Opfernest genannt heiliger Paulus? Der Ritualist erklärte mir: «Dieses Opfernest ist für den Blitz. Du mußt wissen, daß wir, wenn irgendwo in unserer Nähe ein Blitz einschlägt, diesem Blitz einen Namen geben müssen. Wir geben ihm den Namen des Heiligen, der für diesen Tag zuständig ist.»

Mit anderen Worten: Bei dem Opfernest für den Heiligen Paulus der Katholischen Kirche handelt es sich um die Opfergabe für eine andine «heidnische» Gottheit des Blitzes, welcher in der Nähe der Hütte eingeschlagen hat an einem Tag, der dem heiligen Paulus gewidmet ist. Das ist Verschlüsselung.

Inkorporation als weitere Gottheit

Der Andenindianer bezieht Gott, Jesus, Maria und die Heiligen in die Andenreligion mit ein. Jesus ist einfach eine andere freundliche Gottheit. Maria und Mutter Erde werden miteinander identifiziert. Gott ist eine mächtige Gottheit, so wie es auch andere mächtige Gottheiten gibt, wie zum Beispiel Illapa. Jesus, Maria und Josef, Gott und der Heilige Geist werden also in die große Zahl der Andengötter mitaufgenommen, mit gleichen Rechten – und natürlich auch mit den gleichen Pflichten der Menschen: Auch sie bekommen also Opfergaben. Ja, auch der katholische Gott bekommt Opfergaben, Opfergaben, die *gloria* genannt werden.

Umgestaltung zur magischen Formel der Macht

Man sollte meinen, daß das Vaterunser der Inbegriff des christlichen Gebetes ist. Nun gibt es aber nahezu kein nicht-christliches andines «heidnisches» Ritual, bei dem nicht auch das Vaterunser gesprochen wird. Bedeutet das, daß Gott mit in dieses andine Ritual hineingeholt wird?

Meistens nein. Man muß genauer hinschauen. Man muß schauen, wie das Vaterunser gesprochen wird und wann und wo.

Es gibt drei sehr unterschiedliche Arten von andinen Heilungsritualen: das weiße Ritual für gute Dinge, das schwarze Ritual zur Bannung des Feindes, zur Abwehr des Feindes und zur Schadensstiftung, und das graue Ritual, welches vor allem ein Reinigungsritual ist. Und dann gibt es auch noch die großen, sich über mehrere Tage und Nächte hinziehenden kollektiven Rituale im Jahreszyklus, bei denen auch Blutopfer gebracht werden.

Es fällt auf, daß das Vaterunser in allen diesen Typen von Ritualen gesprochen wird. Zunächst am Anfang, als einleitendes Gebet, dann nach der Bereitung der Opfergaben und oft auch noch als Abschluß eines solchen Rituals.

Und das gilt auch für das schwarze Ritual. Wenn aber über einer Opfergabenbereitung, deren Zweck es ist, einem Feind zu schaden, das Vaterunser gesprochen wird, so kann es wohl nicht ganz im katholischen Sinne gebraucht werden.

Und das wird es ganz gewiß nicht. Dies wird auch schon darin deutlich, wie das Vaterunser gesprochen wird: in den allermeisten Fällen in einer unverständlichen und verkrüppelten Weise.

Nimmt man diese beiden Informationen zusammen, dann kann man sich der Schlußfolgerung nicht entziehen, daß das Vaterunser nicht nach seiner inhaltlichen Bedeutung benutzt wird. Das Vaterunser ist vielmehr eine der vielen Formeln der Macht- und der Kraftaufwertung, welche der andine Heiler kennt, um die Opfergabenbereitungen in ihrer Wirksamkeit noch zu steigern.

Dies sind also fünf Weisen, wie Andenreligion und Christentum zu einem friedlichen Nebeneinander vereint werden.

Wenn man nun bedenkt, daß die Katholische Kirche nach der Eroberung Südamerikas mit zum Teil gewaltsamen Methoden versucht hat, die Andenindianer zu missionieren, und die Geschichte der Missionierung nun schon über 500 Jahre zählt, so muß man sich fragen, wie es kommt, daß die Andenreligion immer noch lebendig ist. Und sie lebt wirklich noch in den Anden. Wie kommt es, daß die Andenreligion eine solche Überlebenskraft hatte gegenüber der teilweise gewalttätigen Missionierung durch die Kirche?

Die Überlebenskraft der Andenreligion ist in dem Begriff enthalten, welcher auch die Grundursache für alle Krankheit und alles Unheil ist: im Begriff der Opferschuld. Opferschuld wird als Ursache angesehen für alles erdenkliche Unheil, einschließlich Krankheit und Tod. Und da Unheil natürlich immer und immer wieder auftritt, signalisieren die Gottheiten immer wieder, daß Opferschuld vorliegt. Die einzige Möglichkeit, Opferschuld zu beseitigen, ist, Opfergaben darzubieten, also eben diejenigen religiösen Handlungen wieder aufzunehmen, welche die Andenreligion charakterisieren. Man kann sagen, daß die definitive Unvermeidbarkeit von Unheil in unserer Welt und die «Logik der Opferschuld», welche der Kern der Andenreligion ist, die Überlebenskraft der Andenreligion ausmachen. Denn in jedem auftauchenden Unheil ist die Perpetuierung der andinen Religion schon mit enthalten.

Andenreligion, Gesundheit, Krankheit, Heilung

Mit der Andenreligion ist man auch am Kernpunkt des andinen Krankheitsverständnisses. Denn es gibt, wie ich angedeutet habe, keine Krankheit, bei der nicht Opferschuld eine Rolle spielen würde. Keine Krankheit, kein Infekt, nichts kann uns etwas anhaben, wenn unser «Immunsystem» stark und intakt ist. Und es ist das «Immunsystem», welches durch Opferschuld in seiner Stärke reduziert wird.

Nach andinem Verständnis sind die wichtigsten Krankheitsursachen folgende:

1. Opferschuld
2. Seelenverlust
3. Schwarzes Tun von Geistern *(paypa, chullpa)*
4. Schwarzes Tun der Menschen
5. Sogenannte unvorhersehbare Ereignisse

(1) *Opferschuld.* Wenn Krankheit (eine Form des Unheils) auftritt, wird ein Andenindianer immer davon ausgehen, daß sie auch ein Signal ist, welches die Andengötter dem Menschen schicken, um darauf zu verweisen, daß Opferschuld vorliegt.

(2) *Seelenverlust.* Wenn ein Mensch – so die Konzeption in den Anden, weitverbreitet in Südamerika und auch in anderen geographischen Regionen dieser Welt – erschrickt, dann kann er in diesem Erschrecken eine seiner Seelen verlieren. Er hat eine große und er hat eine kleine Seele. Die große Seele ist verbunden mit Leben und Tod. Die kleine Seele ist diejenige, die im Traum spazierengeht und die man auch verlieren kann.

Und mit dem Verlust der kleinen Seele im Erschrecken ist es so, als wenn ein Mensch ein Stück auch seines «Immunsystems» verlieren würde. Er wird anfällig, er wird nörgelig, er schläft schlecht, ist immerzu kränklich usw. Alle diese Zeichen eines geschwächten «Immunsystems» treten dann auf. Wenn der Heiler schließlich diagnostiziert, daß es sich um Seelenverlust handelt, wird es darum gehen festzustellen, wo der Ort ist, an dem dieser Patient durch Erschrecken seine Seele verloren hat, und diesem Ort Opfergaben zu bereiten, damit er die Seele wieder freigibt, so daß sie dem Patienten wieder einverleibt werden kann.

(3) *Wesenheiten der Dunkel-Welt* sind eine dritte Ursache von Krankheit in den Anden. Da gibt es die schon erwähnten Geister des Dämmerlichtes *(paypa).* In der Begegnung mit diesen *paypa*-Gei-

stern kann man krank werden. Eine andere Krankheit, die durch eher dunkle Geistwesen verursacht wird, ist die *chullpa onqoy,* die Krankheit der Ahnengräber. Ahnen, vor vielen Jahrhunderten begrabene Menschen, deren Namen und Gräber man nicht mehr kennt, sind bis zum heutigen Tage «lebendig». Sie sind wie Gottheiten – sie wollen Ehrerbietung und Speise und Trank, also Opfergaben.

Da man nicht immer wissen kann, wo Ahnengräber sind, und deshalb oftmals achtlos über solche Ahnengräber hinwegschreitet, besteht allenthalben die Gefahr, die «Krankheit des Ahnengrabes» zu bekommen.

(4) *Das schwarze Tun der Menschen.* Es gibt jene schwarzen Rituale, deren Ziel es ist, einen anderen Menschen zu schädigen, vielleicht auch in seiner Gesundheit. Wenn jemand krank wird, kann also eine der Ursachen sein, daß irgend jemand, der diesen Menschen haßt oder mit ihm im Konflikt steht, ein schwarzes Heilungsritual gegen ihn gerichtet und ihm diese Krankheit an den Leib gewünscht hat.

(5) Als fünfte Krankheitsursache nannte ich auch sogenannte *unvorhersehbare Ereignisse.* Ich nenne das, aber ich schränke es sofort wieder ein. Ein Beispiel, das ich in meiner Region erlebte: Ein Lastwagen, der Mensch, Vieh und Ware transportierte, ist, ausgelöst von einem plötzlichen Erdrutsch, in einen Abgrund gestürzt. Dabei sind fast dreißig Menschen gestorben. Die zehn Überlebenden waren schwer verletzt. Hier erscheint zunächst ein «Zufall» (Erdrutsch, ausgerechnet zu diesem Zeitpunkt) als Ursache des Unheils. Aber, wenn man den Begriff der Opferschuld konsequent anwendet, dann erkennt man, daß ein Andenindianer dies niemals als ein zufälliges Ereignis ansehen wird. Er wird immer davon ausgehen, daß hier eine massive Opferschuld vorliegt, die bewirkt, daß just an dieser Stelle des Weges und just zu diesem Augenblick ein Erdrutsch geschah, so daß der Lastwagen in die Tiefe stürzte.

Die genannten fünf wichtigsten Krankheitsursachen überschneiden sich weitgehend. Die letztgenannte, der sogenannte zufällige Unfall, der im Denken des Andenindianers kein wirklich zufälliger Unfall ist, ist auch mit der Hauptursache von Krankheit und Unheil, mit Opferschuld, auf das Engste verbunden. Die «Krankheit des Ahnengrabes» ist auch eine Krankheit der Opferschuld: Man hat den Ahnen nicht entsprechende Ehrerbietung erwiesen und Opfergaben bereitet, und deshalb haben sie nach uns gegriffen.

Wenn das schwarze Ritual eines anderen Menschen, eines Feindes, mir schadet, dann heißt das, daß ich eben nicht das starke «Immunsystem» habe, jene Abwehrkräfte, die es mir ermöglichen, diese Gesundheitsschädigung abzuwenden. Und wenn dem so ist, wenn ich diese Kraft, diese «Immunstärke» nicht habe, dann habe ich wohl auch irgendwo Opferschulden. Auch in der Wirksamkeit des schwarzen Tuns anderer ist der Begriff der Opferschuld mitenthalten.

Auf diese Weise gibt es eine große, verbindende und in alle diese Krankheiten miteingehende Krankheitsursache, das ist Opferschuld, das Schulden-Haben gegenüber den Göttern, ein Schulden-Haben im Geben.

Wenn Opferschuld in jeder Krankheit mitenthalten ist, Opferschuld aber der Ausdruck der Beziehung zwischen Menschen und Göttern ist, dann bedeutet das natürlich auch, daß in jedem Heilungsgeschehen die Beziehung des Menschen zu den Gottheiten eine Rolle spielt: Ohne die Beziehung zu den Gottheiten handelnd ins Gleichgewicht zu bringen, kann folglich keine denkbare Krankheit, kein Unheil, geheilt werden.

Ein Heiler in den Anden wird, wenn sich ein Patient zum Beispiel mit Husten präsentiert, nicht nur Kräuter sammeln und einen Tee verschreiben. Wie soll das wirken? Auch um das «Immunsystem» muß er sich kümmern. Und die Stärke des «Immunsystems» hängt ab von der Beziehung dieses Menschen zu den Göttern. Wenn er so fürchterlich hustet, dann ist da wohl irgendein Ungleichgewicht. Also wird der Heiler sich auch immer um die Begleichung der möglichen Opferschulden kümmern.

Zusammenfassend kann man sagen: Es gibt keine Krankheit und kein Unheil in den Anden, ohne daß die Gottheiten in der Ursache mitenthalten sind, d.h. die Beziehung der Menschen zu den Gottheiten, und folglich auch keine Heilung, in der das Transzendente nicht eine zentrale Rolle spielt.

In den Anden werden die Menschen nicht als Monaden angesehen, als einzelne, abgegrenzte Gestalten. Sie sind nicht abspaltbar von menschlicher und natürlicher Umwelt. Auch die Krankheit ist nicht unabhängig zu sehen von interpersonellen Bedingungen. Denn kann nicht die Opferschuld auch kollateral wirken durch das Handeln oder Unterlassen des Bruders, und kann sie nicht über Generationen hinweg weitergehen? Im Krankheitsgeschehen ist ein interpersoneller Faktor immer mit enthalten.

Des weiteren ist der Mensch in den Anden eingebunden in die Kräfte der Natur. Die ganze Natur ist sakral, der Boden, die Berge, die Seen, die Quellen, die Blitze. Und wenn man die Natur, d. h. die Gottheiten, die überall in dieser Natur hausen, nicht mit Achtbarkeit behandelt, so wie sie es fordern, dann entsteht Unheil. Die Andenindianer sind also immer in dieses Transzendente, welches in der Natur repräsentiert ist, miteingebunden.

Erst wenn Menschen abgespalten sind vom Interpersonalen, also von der Beziehung zur Familie usw., nicht wissend, was eigentlich der Bruder tut, und nicht dort Einfluß nehmend, und wenn sie abgespalten sind von der sakralen Natur und dem göttlichen Transpersonalen, was in dieser Natur lebt, erst dann werden sie krank.

Und Heilung bedeutet, sich in diese Kontexte wieder zu integrieren und Versöhnung zu finden im Interpersonalen und Transpersonalen.

2. Teil

Kosmos der Erde

Mutter Erde ist überall

Mutter Erde ist überall. Du berührst die Mutter Erde stets mit den Sohlen deiner Füße oder mit der Hand an der Scholle. Du berührst sie bei Tag und bei Nacht. Der Kondor fliegt hoch in der Luft. Mit dem Schatten berührt er die Mutter Erde. Überall sind heilige Berge, Wohnstätten der Götter, überall sind Orte des Blitzeinschlags, bewohnt von Gottheiten des Blitzes, Seen sind von Gottheiten bewohnt, Quellen haben Macht über die Aura der Tiere. Die Inhaber der heiligen Orte des Regens spielen mit Ankari, dem Wind.

Gebet an die Mutter Erde

Mutter Erde, heilige Erde,
Dank, daß du uns Nahrung gibst,
ohne dich sind unsere Mägen leer,
ohne dich ist Leid und Not,
schau her, dies biete ich dir an:
Ich opfere dir aus ganzem Herzen,
ich biete dir die Weihrauchschale dar,
nimm unsere Gaben an,
laß wachsen und gedeihn
das Feld, die Weiden und das Vieh,
gib allen Schutz, begleite uns,
führ uns an deiner rechten Hand.

Wir sind viel unterwegs

Wir sind viel unterwegs. Manchmal begegnen wir den ganzen Tag keinem Menschen. Doch sind wir nie allein. Ich komme zu einem Paß. Ich begrüße die dort wohnende Gottheit. Ich rede zu ihr. Ich lege eine kleine Opfergabe nieder. Ich komme am Felsen des Blitzeinschlags vorbei. Dort wohnt der Inhaber des Blitzes. Ich spreche ihn an mit einem Gebet. Überall sind die Götter. Ich bin nie allein. So bete ich dann:

«Inhaber dieses Ortes,
ich komme zu dir,
ich sage dir Dank,
ich gebe Dir Trank,
begleite du mich,
gib mir den Schutz,
vergib mir alles,
ich komme zurück,
ich bringe dir mehr,
laß nichts geschehn,
gib mir
und anderen Wanderern Schutz».

Jeder Mensch hat einen heiligen Ort

Jeder Mensch hat einen ihm zugeordneten heiligen Ort. Wir nennen ihn machu. Er begleitet dich dein ganzes Leben. Ihm mußt du an erster Stelle stets Opfergaben bringen. Dann beschützt er dich. Jedes Jahr hat einen ihm zugeordneten heiligen Berg. Das ist der watayoq, der Inhaber des Jahres. Wir bestimmen ihn, indem wir das Coca lesen. Manche Berge sind auf alle Zeiten watayoq, sie sind immer im Amt.

Gebet auf dem Gipfel des heiligen Berges Atichamán

Machula Atichamán, großer heiliger Berg,
du hast Macht,
alles vermagst du zu sehen,
du weißt alles,
nichts geschieht ohne dich,
du siehst unser Leid,
du siehst unseren Tod,
du hast auch mein Leid gesehen,
jetzt höre mich an,
ich komme zu dir,
ich biete dir den Weihrauch dar,
ich biete dir ein Mahl,
ich hatte dich vergessen,
der du mein machu bist,
der du ewiger watayoq bist,
verzeih mir das,
jetzt komme ich zurück,
morgen komme ich auch,
von nun an immer, drei Mal im Jahr,
auf daß kein Unheil mehr geschieht,
so soll es sein von heute an für alle Zeit.

Der Wind ist heilig

Der Wind fegt durch die Täler und über die Berge. Den Wind nennen wir Ankari. Der Ankari ist der Diener, der Bote. Er trägt die Opfergaben zu ihrem Bestimmungsort. Er sorgt für den Empfang der Gaben.

Es gibt einen guten, und es gibt auch einen bösen Ankari. Der böse Ankari ist aufbrausend, sagt man. So wie cholerische Leute. Sogar ein ganzes Haus kann er davonwirbeln. Man muß ihm ein Ei opfern. «Hab Geduld, mach deine Tür zu», betet man dabei. Wir können ihm das Ei geben, und dann wird es bald wieder gut. Indem wir ihm opfern, schützen wir uns vor ihm mit Gebet. Ankari, so sprechen wir ihn an. Viele Ankaris gibt es, viele natürlich. Wo immer ein heiliger Ort ist, da gibt es auch einen Ankari, den Wind. Der ist unterwegs.

Mit dem Geruch, mit dem Rauch trägt der Ankari die Opfergaben zum Bestimmungsort, er ist Bote. Wenn wir zum Beispiel den Gipfel Illimani anrufen, dann kommt er binnen Augenblicken dort am Illimani an. Schau, dies ist die Gabe für dich, sagt der Ankari dann, das wird dir geschickt.

Gebet an Ankari: Das Tor des Windes

Ankari des heiligen Gipfels Ch'umaraqán,
Ankari des Siniguilo,
Ankari des Yumarani, des Aquilizán,
alle Gegenkräfte wirst du blasen ins Nichts,
besiegt sollen sie sein,
kein Wind wird sein, kein Hauch,
kein Hauch von Wind soll sein,
das Tor des Windes sei verschlossen nun,
mit Schloß versehn,
wir opfern dir hier,
bring den Regen uns nach unten ins Tal,
für dich, Ankari, soll dies sein,
Ankari, blase du auf keinen Fall,
sorg', daß die Sonne nicht so brennt.

Der zwölffache Ankari

Gut verlaufe alles nun, Glück sei gegeben,
allenthalben sei uns Erfolg beschert,
Ankari-Diener der Götter des Sees,
Ankari des Quiabaya-Felsens,
Ankari-Diener des Vaters Santiago,
verteilen werdet ihr's an alle Orte der Kraft,
an alle Opferstätten der Hütten im Dorf,
dorthin laßt es gelangen, ihr Ankari-Diener,
zwölf Diener, ihr wißt Bescheid,
bringt es zu den Hütten hin,
Opfer bereiten wir euch,
mit allem möglichen bestückt,
wir reichen euch goldenen und silbernen Wein,
bringt ihr es gut zu seinem Bestimmungsort,
Diener des Tuwana, Diener des Illimani,
begleitet uns nun,
hiesiger Hof der Mitte, heiliger Ort,
Gottheit des Ch'aki Qocha-Sees, Quiabaya-Felsen,
aufs Beste in eurer Begleitung
wird nichts Ungutes uns geschehen,
gut wird alles sich fügen,
von ganzem Herzen bieten wir dies euch an...
Gottheit des Hofs der Mitte,
Gottheit des Chillka Qocha-Sees,
ihr könntet sagen: Ihr bietet uns ja gar nichts an!
Ankari, eben aus diesem Grund
wirst du es bringen
zu jedem Bestimmungsort, Diener Ankari,
zwölf Diener,
wo immer es Quellen gibt, bringst du es hin,
manche mögen wir vergessen haben,
du aber bringst es allen hin,
zwölffacher Ankari-Wind.

Besänftigung des Windes

Wir werden jetzt weiterziehen mit gutem Mut,
du, Ankari, wirst uns begleiten und führen,
dafür bringen wir dir Opfergaben dar,
sanft wirst du jetzt werden, Wind,
sanft sollst du sein, wie dieser Lamatalg,
Diener Ankari, mit beiden Händen greif zu,
zwölf Ankaris, aufs Beste nun,
wir hatten eurer nicht mehr gedacht…
Im Geist der Hände aller,
die Ankari Opfer bringen,
mit der Hand aller Ritualisten,
die den Göttern opfern,
bieten wir dir jetzt ein Mahl, Ankari,
welche Hand auch immer du wünschst,
von dessen Hand bringen wir dir jetzt ein Mahl,
Ankaris, kommt jetzt hierher,
bedient euch hier an diesem Mahl,
es gibt auch einen guten zweiten Gang,
es ist für den Ankari des heiligen Berges
Atichamán,
für den Ankari der Chunchu Apacheta,
auch der kommt her und schaut hier zu,
auch den wirst du jetzt bremsen,
zurückschicken wirst du ihn,
der kommt von oben her, hindere ihn am Wehen,
schick ihn zurück, Ankari von Sora Sora,
von Kawaya,
das hier bieten wir aus ganzem Herzen dar,
mag sein, wir hatten euch vergessen,
verzeiht uns jetzt.

Die Seen sind heilig

Unsere Seen haben Macht über den Regen.
Sehr mächtig sind die Gottheiten dieser heiligen Orte. Der wichtigste Regensee ist der Pachaqota. Es ist ein Zwillingssee. Unsere Ritualisten aber holen den Regen vom männlichen Tiliakán und dem weiblichen Titiakán. Wir opfern den beiden. Wir schöpfen Wasser. Wir pflücken wilde Blumen. Damit kehren wir ins Dorf zurück. Wir ehren das Wasser mit Weihrauch, wir bringen es zu den Quellen, wir schmücken uns mit Blumen, wir tanzen die Nacht.

Die Rufung des Regens am Pachaqota-See

Mit eurer Genehmigung,
mit eurer nachdrücklichen Genehmigung,
jetzt, Vater cabildo, Opferstätte,
Nest des Kondor Mamani,
Inhaber des hiesigen heiligen Orts,
komme ich her, Vergebung zu erfleh'n,
zwei lebende Lamas bringe ich mit,
damit ihr es uns gut ergehen laßt,
daß gutes Wasser ihr uns schickt,
daß unserer Hände Tun auch gut sei,
daß unsere Libation
von Erfolg gekrönt sei.

Aus allen Dörfern kamen viele hierher,
aus Khaata, aus Lunlaya, aus Niñokorin,
die hier oben wohnen, opfern hier auch;
von deren Hand,
im Geist der Hand der Toten,
im Geist der Hand aller Heiler
werde ich dich jetzt bewirten, Pachaqota,
von ganzem Herzen bewirte ich dich.

Zum Regen-Holen kommen wir,
wir weinen, weil der Regen fehlt,
unsere Nahrung verdorrt,
deshalb kommen wir her,
deshalb erflehen wir auf den Knien,
machen die Libation,
erbitten von den heiligen Orten die Lizenz,
Opferstätte des Pachaqota,
der aus zwei Seen besteht,
auf das Beste beschütze uns jetzt,
unsere Felder weinen,
zu essen gibt's nichts mehr,
ohne Nahrung werden wir sein...

Desgleichen möge nun der Wind,
er möge sich verziehen,
der Wind, er soll nicht blasen,
er bläst den Regen weg,
er soll jetzt hier nicht wehen,
mit Regen und mit Wasser
werden wir nach Hause gehen,
und satt werden wir dann sein,
nicht voller Tränen, weil es nichts zu essen gibt,
es weinen meine Kinder,
es weinen die Leute meines Syndikats,
für uns alle wächst nichts, weil der Regen fehlt,
und wenn es keine Nahrung gibt,
gibt's auch kein Leben...

Pachaqota,
Inhaber des hiesigen heiligen Ortes,
zehnmal, zwanzigmal noch

rufe ich jetzt deinen Namen an,
nach vorn, zum Guten hin nunmehr,
zweifach, dreifach gar vom Blitz erwählt,
kommen wir hierher,
deine Enkel, das sind wir,
unsere Großväter, das seid ihr,
Ort der Kraft, dein Wille geschehe,
mit deinem Willen ziehen
wir dann freudig fort,
dafür opfern wir dir jetzt,
zwei Lamas opfern wir dir jetzt,
ein Dutzend qowis auch,
damit es regnet,
damit die Nahrung wächst,
damit wir leben…

Du mit dem Namen Pachaqota,
du bist der allerbedeutendste See,
du bist der Herr,
von uns aufs Beste stets verehrt,
Inhaber eines heiligen Ortes, das bist du,
Inhaber von Regen, Inhaber von Nahrung,
Inhaber von Korn und Mais und allem Essen…

Glück soll uns jetzt gegeben sein,
auf keinen Fall umsonst soll das hier sein,
zwei Lamas aufrecht stehend bring' ich her,
Inhaber des hiesigen Ortes der Kraft,
dies opfere ich dir von überall her,
es fehlt nichts mehr,
mit zwei stehenden Lamas opfere ich dir…

Gib Wasser uns,
dein Wasser zur Bewässerung,
Glück sei beschert, viel Glück,
es herrsche nunmehr Glück,
zwei aufrecht stehende Lamas bring' ich her,
auf daß das ganze Wasser dieses Sees
nach unten wandere ins Tal,
zum Dorf, nach Qeresí,
zu allen Dörfern im Tal wird es geh'n,
mit uns zusammen wird es fortgehen von hier,
auf keinen Fall umsonst soll das hier sein,
ich opfere dir Silber, ich opfere dir Gold,
Inhaber des hiesigen heiligen Orts,
machula Pachaqota,
wir sind Leute, welche Quechua sprechen,
und ebenso das Aymará,
wir sind die Kinder dieser Region…

Mit der Hand aller Heiler,
mit der Hand aller Rufer des Regens,
alle zusammen werden wir nach unten gehen,
etwas Wirksames ist es, was ich jetzt tu',
der Regen dürfte jetzt schon unten sein,
es ist schon soweit, du solltest schon gehen,
Regen, verspäte dich nicht,
ich bringe Opfergaben dir dar,

auf das Beste bereite ich's dir,
aufs Beste mit zwei Lamas, welche aufrecht stehen...

Dies Wasser aus Silber, dies Wasser aus Gold,
das wird jetzt mit uns runtergehen,
du wirst jetzt mit uns gehen,
von Herzen wirst das Wasser du uns geben,
von Herzen wirst du es uns rüberreichen,
von Herzen wirst das Wasser du uns überlassen,
auch wirst du nicht umsonst hinuntergeh'n,
zu uns, nach unten,
hier gibt's ja viel zu viel an Wasser,
nach unten hin zu uns,
nach Charazani unten im Tal,
nach Qeresí, nach Wasa Wayq'o,
nach Jinaguillu, Tajanwaya und Molino,
zu allen Orten, zu allen Dörfern hin,
aufs Beste kehre Glück nun ein,
wir bringen dir die Opfergaben dar,
dir opfern wir,
damit du gewiß auch mit uns gehst,
bleib du nicht hier...

Dies bieten wir als Libation dir dar,
Gutes soll nun sein,
Wein von Silber und Wein von Gold,
Erde von Silber und Erde von Gold,
Gloria-Wasser,
du wirst es uns schicken aufs Beste nun,
halt das Wasser nicht fest,
warum leistest du Widerstand,
warum willst du so träge sein,
so vorzüglich opfere ich dir doch
zwei Lamaföten gar...

Pachaqota-See:
Wo mag der Ort des Wassers sein,
dorthin direkt wirst du uns führen,
uns, diese Barreras, Ramirez, die Kallanchas,
und wie die heißen mögen, die hier leben,
auch die Leute von Yumarani,
euer Wasser gebt uns nun,
aufs Beste reicht es zu uns hin...

Reichlich, bitte, überlasse uns das Wasser nun,
voll Freude im Herzen werden wir dann gehen,
nicht traurig, nicht geknickt,
niemand soll Böses sagen über uns,
als Wasserbringer werden wir voll Freude sein
und voller Ruhm!

Die Quellen sind heilig

Die Quellen sind Wohnsitze von Gottheiten. Alle Quellen sind bewohnt. Es gibt gute und böse Quellen. Es gibt weibliche und männliche Quellen. Die Quellen-Gottheiten haben Macht über den Regen. Wir verheiraten die Wasser der Quellen, dann regnet es. Die Quellen sind auch Inhaber der illa. Es gibt Quellen, die haben Macht über die illa der weißen Alpakas. Dann gibt es Quellen, die haben Macht über die illa der weißen Lamas. Dann gibt es Quellen für die illa schwarzer Alapakas und Lamas. Wir bringen den Quellen Opfergaben für die illa unserer Tiere. Dann gedeiht unser Vieh, und es passiert ihnen nichts. Die Menschen haben eine Seele. Das Schaf und die Kuh haben eine illa. Man muß der illa eine Libation bieten, eine Opfergabe bringen. Manchmal erscheint die illa einer Kuh an einem Ort des Bösen. Oder die illa eines Schafes erscheint. Da haben sich wohl Tiere verirrt, sagt man sich dann. Aber so ist es keinesfalls. Die Tiere verlieren sich wieder ins Nichts. Dem Ort der Erscheinung muß man dann eine Libation bieten. Wenn du dann keine Libation machst, dann werden deine Tiere alle verenden.

Gebet an die Quellen

Ihr Quellen der Seele der Tiere,
empfangt auch ihr mein Opfer für euch,
das wir aus tiefstem Herzen bereitet haben,
und schickt uns Seelen,
schickt uns viele weiße Seelen hierher,
schickt Seelen in Weiß und in Schwarz und in Grau,
schickt Lama-Seelen, und Seelen von Alpakas hierher.
Ihr Wasseradern im Innern der Erde,
ihr Berge und Orte der Kraft,
all unsere Opfergaben nehmt in Empfang,
und nichts an Unheil bleibe hier zurück.

Der Blitz ist heilig

Wo wohnen die Gottheiten des Blitzes?

Der heilige Berg Esqani ist der mächtigste Inhaber des Blitzes. Auf seinem Gipfel entfachen wir Kerzen und bewachen sie. Auch der Sunchuli hat Macht über den Blitz. Wo er einschlägt, baut der Blitz sein Haus. Er wohnt fortan an diesem Ort. Ich muß ihm jetzt auf alle Zeiten dort die Opfergaben bringen. Es gibt viele Orte des Blitzeinschlags. Niemand kann sie alle kennen.
Ich bin vom Blitz berufen. Ich bete alle Inhaber des Blitzes an, ich bete:

Genannte und nicht genannte Blitze,
Blitze der Vergangenheit,
Blitze der Verborgenheit,
euch allen bringe ich dies Opfer dar...

Wenn ich so bete, trifft kein Blitz deine Hütte und dein Vieh und du hast Schutz.

Gebet an den Blitz

Heilige Stätte des Blitzes,
ich trete vor dich als dein Sohn
und als dein Diener auch,
im Namen aller Weisen,
im Namen der Inka-Heiler auch,
Söhne der Inkas sind wir,
biete ich dir ein Mahl,
schau es dir an, sag nicht:
Der hat ja was vergessen.
Zwei Lamas biete ich dir an,
was willst du mehr,
zürne nicht, schlage nicht ein,
mach keinen Donner,
sei zu unseren Gunsten da.

**Und könnte «Gott» böse sein,
wenn wir der Mutter Erde Opfergaben bringen
und zu ihr beten?**

Nein, er kann nicht böse sein. Die Mutter Erde und die heiligen Orte sind uns gegeben seit Geburt der Welt. Wir können es niemals löschen. Wir werden uns an Mutter Erde wenden. Wir werden immer zu den heiligen Seen gehen, wir werden immer am ch'an beten, wenn wir auf Reise gehen. Damit es regnet, damit die Sonne scheint, damit kein Hagel kommt, damit der Frost sich von uns abkehrt, dafür rufen wir immer die heiligen Orte an. Damit die Ernte gut ist, daß die Leute nicht krank werden, daß niemand vorzeitig stirbt, dafür bitten wir die Mutter Erde und die Orte der Kraft. Die Mutter Erde bleibt auf alle Zeit. Gott ist davon ein wenig fern. Wenn ich Mutter Erde je vergessen würde, würde ich wie verloren laufen durch diese Welt.

Wir verehren die Mutter Erde. Wir respektieren Gott. Wir akzeptieren beide Seiten. Wir lehnen Gott nicht ab, wir halten beides aufrecht, aber es ist die Mutter Erde, die uns nährt, sie ist es, Mutter Erde, die heiligen Orte, das Nest des Kondor. Was immer wir an Kummer haben, wenn wir morgens aufstehen, wenn wir ein Haus bauen – immer ist es Mutter Erde, an die wir uns wenden: Mutter Erde, heilige Erde, Jungfrau, ernähre und beschütze uns...

Die verlorene Seele, das reine Herz

Wenn du nachts unterwegs bist, kannst du dich leicht erschrecken. Kinder erschrecken sich leicht beim Fallen. Im Erschrecken verlierst du die Seele. Wir haben eine kleine und eine große Seele. Du verlierst die kleine Seele beim Erschrecken. Dann schläfst du schlecht. Du bist zerfahren. Dir ist nicht wohl. Du bist unzufrieden. Du hast keinen Appetit. Du hast keine Lust aufzustehen. Du hegst dauernd Groll. Wenn du die Seele verloren hast, kannst du nicht reinen Herzens sein.

Der Ort des Erschreckens hält die Seele fest. Dann mußt du einen Heiler holen zur Rufung der Seele. Der Heiler opfert dem Ort des Erschreckens. Dann gibt der Inhaber des Ortes die Seele frei. Das ist das Ritual zur Rufung der Seele. Es dauert eine ganze Nacht.

Gebete aus einem Weißen Heilungsritual für das Wohl einer Frau und ihrer Familie

Mutter Erde von hier, hiesige Erde,
vergeben wirst du mir jetzt,
heilen wirst du Maria, die dein Kind ist wie ich,
hiesige Mutter Erde,
du, hier angesiedeltes Nest des Kondor Mamani,
nichts an Krankheit,
nichts an Unbill verbleibe jetzt hier,
Mallku Esqani, Mallku Kallinsani,
Koansani, Kea Keani: Vergebung und Gunst!

Diener Ankari: Vergebung und Gunst!
Bedien' dich jetzt hier und greife zu.
Mutter Erde, Erde und Erde,
vier Altäre, vier Würdenträger:
Zum Guten hin jetzt!
Mit Erlaubnis der heiligen Carmen,
zwölf Väter Santiago, heiliger Jakob,
Beschützer des neuen,
Beschützer des alten Jahres,
Vergebung, Gunst und Erflehn!
Aus allen Ecken jetzt, von Marias Familie,
von dieser Gegend aus: Vergebung komme ihr zu,
auf daß sie nicht mehr erkranke,
und auch auf daß ihr Mann nicht erkranke,
gesund vielmehr sollen sie sein.
Aus dieser Gegend, aus diesem Dorf,
Vergebung, Gunst und Erflehn.

Vom hehren Khaata, dem hehren Curva,
Chullina, Chajaya,
im Geist der Hände aller Tuwanas,
im Geist der Hände der Ritualisten des Jahres,
im Geist der Hände der Heiler,
im Geist der Hände der Diener,
Diener Ankari,
hoher Altar mit zwölf Blitzen,
ihr werdet uns jetzt verzeihen;
auf ein Gutes hin jetzt, Mutter Erde, Erde du.

Ob wohl hier ein Blitz einschlug in uralter Zeit,
ein pachaje hier hauste, ein paranqe hier war,
eine hehre Prinzessin der Quellen,
der Misqui Quelle, der Quelle Putina,
der Quelle Konlaya,
die Nahrung auch bergen,
mit Silber, mit Gold – wer weiß?
Doch aufs Beste nun schickt uns Verzeihen!

Cabildo des Grünen Sees,
du, Herr Santiago Vater,
Vergebung und Gunst,
zwölffache Jüngerschaft,
dieser Frau Maria, ihr wirst du, Santiago,
jetzt verzeihen.

Wo mag ihr machu sein? Wo ihr ch'an?
Wo ihr markiri?
Wo ihr Beschützer-Berg, zu dem sie gehört?
Ob diese sie möglicherweise strafen?
Weil, da unversorgt, sie uns sagen wollen:
Hast du mich etwa doch vergessen?
Doch jetzt sei Vergebung, Gunst und Erflehn.
Heiliger Vater Petrus, Hüter der Schlüssel,
Mutter Quintina, auf das Gute hin jetzt…

Du, Amarete-cabildo, Ecke von Amarete,
Hauptaltar: Vergebung und Gunst,
mit Erlaubnis der Mutter Carmen,
zwölffach vom Blitz geschlagen, getroffen,
von der jaramata befallen -
oder was immer es sei,
dies alles – ganz reingewaschen soll es nun sein.

Zwölf Ankaris,
Ankari des Herrn Santiago,
Marder aus Silber, Wildkatze aus Gold,
für Silber, für Gold, das herrsche nun vor,
geschlagen vom Blitz, von jaramata befallen,
das liegt vielleicht vor,
dies ist vielleicht in Vergessenheit geraten,
nicht erinnert,
doch all dies wird mit dieser Opferung hier
erfüllt und reingewaschen sein,
mit dieser Opferung ist Maria jetzt erlöst,
und all ihr Kranksein, all ihr Leid,
fällt nun mit dem hier von ihr ab,
wird reingewaschen nun für sie,
Gnade, Vergebung, Erflehn.
Dort wo ihr machu ist, ihr ch'an,
dorthin wirst du nun die Gabe tragen,
Diener Ankari,
zu allem hin wirst du's tragen.

Vom Blitz der jaramata geschlagen, getroffen,
welche Krankheit auch immer,
vom Vater her, von der Mutter her,
aus uralter Zeit mag es noch sein,
von daher es sich vielleicht hier erfüllt -
doch hiermit nunmehr möge es endgültig
vergehen!

Einige, die einen oscollo haben, die Katze der
Berge,
haben sie inzwischen vergessen,
als Enkel erinnern wir uns ihrer nicht mehr,
dabei, wer weiß, mag vor ewiger Zeit
irgendetwas gewesen sein,
doch dafür wirst du, Diener Ankari,
dich von diesem Teller bedienen...

Nirgendwo sei noch Krankheit da,
kein Rückschlag, nichts Böses mehr;
heiles Herz, gute Augen, gutes Gedächtnis,
gutes Reden, das werdet ihr uns jetzt bescheren
für Maria und ihren Mann.

Yawar Qocha cabildo,
Wohnstatt des Kondor Mamani,
dieses hier bringe ich zum Opfer dir dar,
annehmen wirst du es mir.
Alle möglichen Arten von Blitz,
die Herren sind über cabildos,
alle Arten von Kindern des Tuwana,
dieser Dinge gedenken wir Kinder oft nicht mehr.
Dies, Diener Ankari,
dies, Kondor Mamani,
du weißt das genau, du erinnerst dich stets,
Pachamama, Erde und Erde, du weißt darum,
Gnade, Vergebung – denn dies ist für dich.

Und dies hier, das ist jetzt
dein Weihrauch aus Silber,
dein Weihrauch aus Gold,
im Blickfeld des neuen Jahres,
im Blickfeld des alten,
Gnade, Vergebung – Geduld hab mit uns,
das hier wirst du nun akzeptieren,
und zu Gloria hin wirst du's tragen,
zum Ankari hin, zum pachaje, paranqe,
zum Vater Santiago auch,
damit es gut werde, damit sie gesunde,
Mutter Erde, Erde und Erde,
nähre uns gut, halt lange uns fest,
füll' unseren Tisch,
aus allen Richtungen: Verzeihen!

Und das hier ist jetzt paranqe aus Silber,
paranqe aus Gold,
pachaje aus Silber, pachaje aus Gold,
tío, tía, die ihr mit Silber und Gold
im Inneren der Erde haust,
du, Ankari des pachaje, Ankari des paranqe,
ihr Quellen, wo immer ihr seid,
deren Ankari, Diener Ankari – bringt es vorbei.
Eine reiche mesa schick ich euch vorbei,
und damit werdet ihr Segen uns schenken!

Oscollo aus Silber, Wildkatze aus Gold,
ihr pachajes, paranqes, mit Silber, mit Gold,
Silber-anchanchu, anchanchu aus Gold,
Wohlergehen, das bring mir jetzt her,
für diese Frau, für ihren Mann,
in ihre Hände wirst du es tun!

Vor langer Zeit mag irgend etwas gewesen sein,
soqo, awila, die ihr
ein Dorf aus Ahnengräbern besitzt,
zu Zeiten des Morgengrauens der Welt,
über Blitze verfügende alte Zeit,
über pachaje, über soqo, über Ahnengräber
verfügende alte Zeit,
dieses Bohren im Zahn, die Schmerzen im Kopf,
die Schmerzen im Herz, das Kneifen im Bauch,
das Verblassen des Augenlichts,
alle diese Leiden, bring die in Ordnung jetzt;
denn für euch ist dieses Mahl,
für soqo, awila, Ahnengrab,
für euch ist das Mahl,
bedient euch und nehmt euer Mittagsmahl ein,
Gnade, Vergebung, Erflehn.

Ahnengrab, Diener Ankari, soqo, awila,
Prinzessin der Quellen,
bedien dich recht gut,
und bring es gut hin,
und für die Menschen hier
bring den Ochsen aus Silber,
den Ochsen aus Gold,
für diese Frau, für ihren Mann...

Erinnerte und nicht erinnerte Prinzessin
des Jahres,
Quelle des Jahres,
Akamani, Mallku Sillaka, Esqani,
dies hier bring' ich jetzt dir zum Opfer dar,
mit der Erlaubnis des Vaters Santiago,
mit der Erlaubnis der heiligen Anna,
im Angesicht der Mutter Carmen
Gnade, Verzeihen.
Gott Vater, Sohn und heiliger Geist,
zwölffacher Blitz, Esqani, Kea Keani,
verzeihen werdet ihr jetzt.

Das Nest des Kondor Mamani

Jede Hütte hat ihre Opferstätte, ihr ch'an. Eine Hütte kann nicht ohne Opferstätte sein. Die Opferstätte unserer Hütte ist das Nest des Kondor Mamani. Unser Heimatort ist Kondor Mamani, wo immer unser Dorf ist, unser Haus, das ist Kondor Mamani, die hiesige Erde, die hiesige Mutter Erde. «Nest des Kondors, Kondor Mamani, aufs Beste wirst du unser Leben begleiten, Eltern gleich...» So betet man. Man nennt ihn auch Inhaber des Hofs, auch Nährer, Schöpfer.

Gebet an der Opferstätte der Hütte vor dem Aufbruch zu einer langen Reise in eine ferne Region

Opferstätte von Hanaq Killa K'uchu,
Nest des heiligen Kondors bist du,
des Kondor Mamani,
du bist voller Macht,
du sorgst für mich und gibst mir Schutz,
ich knie vor dir, ich bitte dich,
all meine Unachsamkeiten mir zu verzeihen.
Du hast mir keine Opfergaben gebracht,
so könntest du sagen – doch schau zu mir:
Aus ganzem Herzen nunmehr,
mit bestem Willen und allem Glauben
opfere ich dir und rufe dich an.
Opferstätte meiner Hütte und meines Hofs,
dein Name sei geheiligt, dein Wille geschehe,
sorge dich um mich, deinen Sohn,
eine Bitte trage ich dir vor:
Auf meinen anstehenden Wegen und Reisen
in ganz neues Land
stoße kein Unheil mir zu, beschütze du mich,
geh neben mir her, begleite du mich.
Noch reichlicher, Opfersätte des hiesigen Orts,
bringe ich dir bei Rückkehr dann Opfergaben dar,
du Nest des heiligen Kondors,
des Kondors Mamani, mein Nährer bist du,
laß mich nicht nach rückwärts schauen,
keines Menschen ständig gedenken,
gib keine schlechten Träume mir ein,
laß ohne Zweifel und Zögern
den Weg allein mich gehen,
darum bitte ich dich,
darum opfere ich dir und rufe dich an.

Opferstätten von Hütte, Hof und Stall

Wir haben im Inneren der Hütte eine weibliche und eine männliche Opferstätte. Man muß sie mit weiblichen und männlichen Opfergaben versorgen. Sie beschützen die Nahrung, den Herd.

Im Hof gibt es auch zwei Opferstätten, eine männliche und eine weibliche. Die Hauptopferstätte hat einen Namen. Namentlich rufen wir sie an und bringen Opfergaben dar. Dann geht es allen Hüttenbewohnern gut.

In der Einfriedung der Tiere ist die Opferstätte der Tiere. Man darf sie nie vergssen in Opferung und Gebet. Sonst wird das Vieh krank. Man kniet an der Opferstätte der Tiere nieder und hebt die Weihrauchschale hoch und betet für die Seele der Tiere.

Gebet zur Vergebung der Blitzgetroffenheit an der Opferstätte der Hütte

Opferstätte des hiesigen Orts,
Mutter Erde, heilige Erde von hier, Nest des Kondors,
bestens behüten sollt ihr Mauricio jetzt,
bestens bekleiden,
Wohlstand ihm bringen aus allen Winkeln der Welt,
um alles euch kümmern,
damit alles zum Besten sich wende,
damit kein Neid mehr sei,
damit, was den heiligen Blitz betrifft,
und den Ort seiner Geburt,
zum Guten sich wende.
Mutter Erde, heilige Erde,
Opferstätte, Nest des Kondors des hiesigen Orts,
du wirst nun sagen, wie es weitergeht,
hier mögen böse Quellen sein, böse Wesen, Dämonen,
- doch jetzt, hiesige Opferstätte,
Inhaber-Gottheit des hiesigen Hofs,
Mutter Erde von hier, Nest des Kondors:
Nichts an Bösem verweile jetzt hier,
nichts und gar nichts an Unheil mehr.
Herr, Heiliger Santiago von Spanien,
auf daß alles heil werde nunmehr,
Heilige Dolores, Heiliger Michael,
Jungfrau von Copacabana,
was den Einschlag des Blitzes betrifft -
verzeihet nun und verfolgt ihn nicht mehr!
Esqani, Yumarani, ihr heiligen Berge,
seine Familie, sein Haus, sein Hof:
Rettet das jetzt, heilt es vom Blitzeinschlag,
Tuwana-Gipfel, Yumarani-Berg, Heilige Carmen:
Zum Guten wende alles sich nun.

Opfergabenbereitung

Jedes Jahr bereiten wir ein großes Ritual für die Tiere, die Weiden, die Felder. (Und die Menschen?) Das ist das gleiche. Wir Menschen leben von den Tieren, den Weiden, den Feldern.

Wir bereiten eine Opfer-mesa mit zehn Dutzend Opferschälchen. Jedes Opferschälchen hat seine Bestimmung. Wir bereiten ein Opfer für den Richter. Das sind alle heiligen Berge zusammen. Für den watayoq, den Berg des Jahres. Für den heiligen Berg unseres Dorfes. Für den machu jeder Familie. Wir bereiten für pachaje, den Geist der Zwillingsgeburt. Für die Wildkatze, das Haustier der Inhaber der Orte der Kraft. Den Kondor, den Fuchs. Für die Muschel, das Zepter, die Kugel des Blitzes. Für unterirdische Wasseradern und die Quellen, welche Inhaber sind von Seelen von weißen und schwarzen Lamas und weißen und schwarzen Alpakas. Für den Blitz, welcher ein Lama getötet hat, den Blitz, welcher ein Alpaka getötet hat, den Blitz, der ein Alpaka schlug und es überleben ließ, den Blitz, der ein Lama schlug und es überleben ließ. Wir opfern dem Blitz, der Menschen erschreckte, und schlug, und tötete, auch dem verborgenen Blitz und dem Blitz der Vergangenheit. Wir opfern den Orten des Blitzeinschlags. Wir opfern dem Geist der Verkrüppelung. Wir opfern den Opferstätten der Hütte des Hofes, der Berge, der Pässe, der heiligen Seen. Dem Regen opfern wir, dem Ankari-Wind, der Mutter Erde.

Das Mama-Q'epi, das Mutter-Bündel

In diesem Bündel ist alles, was uns wertvoll ist. Die Mutter Erde als gelber Mais. Die Aura der Tiere. Die heilige Muschel der Opfergaben. Die besten aller heiligen Blätter von Inal-Maria... Das Mama-Q'epi ist das wichtigste, das wir haben. Wir heben es auf das sorgfältigste auf. Nie bleibt es achtlos im Winkel. Wenn wir die Hütte betreten, legen wir an seiner Stelle ein Paar Cocablätter nieder. Es hat seinen Geburtstag: Dann holen wir es hervor, öffnen es, erneuern die Gaben und weihen es mit Libationen und Weihrauchgebet.

Das Lama als Opfertier

Das Lama und das Alpaka stehen für Menschen, das Lama für den Mann, das Alpaka für die Frau. Wie wir Menschen haben sie Blut und eine Seele. Wenn wir ein lebendes Lama opfern, dann ist es so, als wenn wir unseren eigenen Körper opferten. Wenn wir das Blut des Lamas in Libationen für Mutter Erde versprühen, dann ist es, als gäben wir unser eigenes Blut.

Der Lamafötus ist ein ganz kleines Lama, wie ein kleiner Mensch, wie unser Kind. Der Lamafötus ist wie ein eben geborenes Kind. Das Neugeborene ist unschuldig. Noch nichts hat es erlebt. Es hat noch keine Schulden auf sich geladen. So ist es auch mit dem Fötus. Mit dem Lamafötus erbitten wir Vergebung, weil er ja gar nichts kennt, unschuldig ist, frei von Schulden.

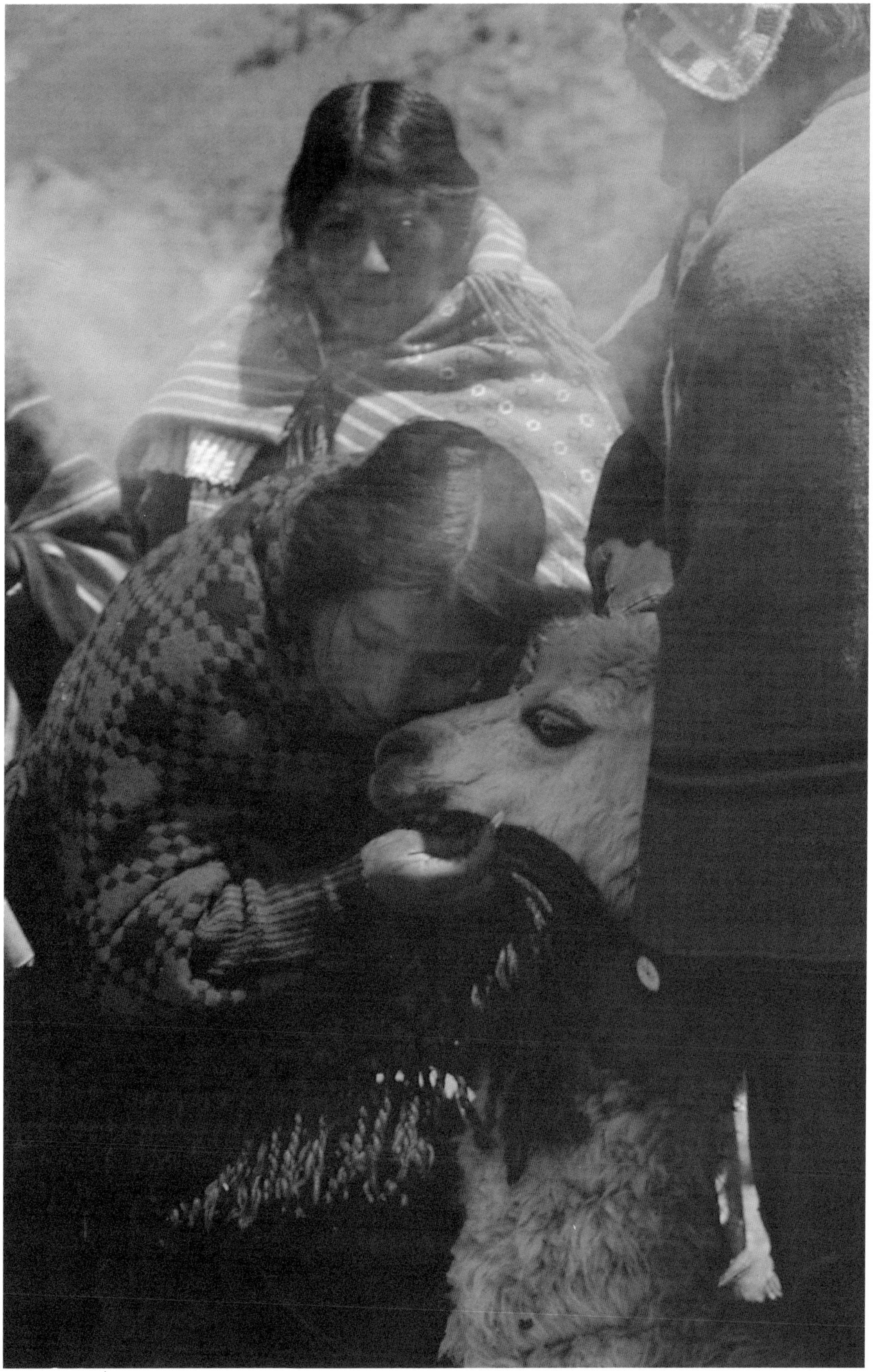

Gebet mit dem Herzen des Opfertieres

Ihr Orte der Kraft,
ich gebe euch mein Herz,
ich gebe euch mein Herz,
nehmt mein Herz aus meiner Hand,
vergebt uns nun,
löscht Schulden aus,
bannt Unheil nun...

Gebet gegen den Hunger und für den Frieden in der Welt

Cabildo der hiesigen Mutter Erde,
Watarani cabildo,
junger Sillaka, alter Sillaka,
Atichamán, Tiliskón,
Herrscher und Würdenträger,
voll guten Willens,
voller Zuwendung nunmehr,
aus ganzem Herzen
bringen wir euch dieses Opfer dar, achachilas,
auf daß, was immer wir tun, sich vollende
zum besten Gelingen.

Vorzüglich nunmehr,
voller Zuwendung soll es geschehen,
und tiefen Glaubens auch,
alle unsere Felder und Äcker,
alle die sieben Flure,
von der Hand des Ritualisten des Jahres,
auf gutes Gedeih'n,
denn von ganzem Herzen nun
kommen wir euch anzubieten,
reichen wir euch ein Mahl,
bringen ein reiches Opfer euch dar.

Watarani cabildo,
Dismuna cabildo der vier Altäre,
Opferstätte aus Silber, Opferstätte aus Gold,
gut verlaufe das jetzige Jahr,
kein Unfrieden soll sein,
ein Leben vielmehr in Einigkeit,
für das ganze Dorf, für die ganze Welt.
In diesem Sinn nimm, cabildo,
dies unser Opfer an!

Ihr Opferstätten auf den hiesigen Höhen,
Opferstätte mit vierfachem Altar,
Watarani, Dismuna,
auf ein gutes Gedeih'n.

Dieses Jahr verlaufe gut,
junger Sillaka, alter Sillaka,
Tiliskón, Atichamán,
für alles Gute, für Silber, für Gold,
für Fülle in allen Vorratshütten,
Vorrat an ch'uñu, Vorrat an Erbsen,
Vorrat an tunta, Vorrat an Korn,
all das schickt ihr uns bitte vorbei!
Ihr werdet doch unsere Mägen
nicht knurren lassen!

Von der Hand der Ritualisten aus Curva,
derer aus Khaata, derer aus Amarete,
aus Niñokorin, aus Chullina,
von der Hand der Ritualisten des Jahres,
von ihrer Hand bieten wir
diese Libation euch an.

Mutter Erde, Jungfrau heilige Erde,
hör uns doch an:
Dies Opfer bringen wir dir dar,
hiesige Opferstätte,
ihr Opferstätten insgesamt,
Opferstätte dieser Provinz,
Opferstätte Boliviens,
anderer Nationen Opferstätten auch,
Opferstätte der gesamten Welt,
hört uns doch an:
Für alle soll die Erde gedeih'n,
Unfrieden sei uns allen erspart,
in Frieden ziehe das Leben dahin,
denn so, ihr Mütter Erde,
so wollt ihr's doch,
daß wir leben, nicht wahr?

Laßt alles uns wachsen und gedeih'n,
damit wir Nahrung haben
und Frieden im Herz.
Opferstätte von hier, bring Glück uns her,
Opferstätte aus Silber, Opferstätte aus Gold:
all unser Korn, unser Mais, unsere Bohnen,
all unsere Vorratshütten,
bring uns ein gutes Gedeih'n,
Nahrung für alle, für Arme und Ärmste,
und Wohlergehen dazu!
Reichlich opfern wir heute euch,
ihr angerufenen
und nicht angerufenen Opferstätten,
Jungfrauen, Heilige, machulas, Gottheiten,
ihr Herrscher der Minen der Dunkel-Welt,
von der Hand der Zwillingsgeburt,
von der Hand der Erwählten,
von der Hand von Spaniens Santiago,
von der Hand aller Weisen:
Wohlergehen nun!

Hiesige Watarani Opferstätte,
Nest aus Silber, Nest aus Gold,
Gott wirst du nun auf das Beste bitten,
für Vorrat an Erbsen, Vorrat an ch'uñu,
Vorrat an tunta für uns!
Und nichts, gar nichts, cabildo,
an Frost häng du uns an!
Cabildo: Für wen es auch sei, gut sei's für den!
Auch die Tiere unseres Dorfes sollen gut leben,
Blumen gleich mögen sie gedeih'n!
Watarani cabildo, Dismuna cabildo,
für alle sieben qhapanas,
für diese unsere Region,
für die Bautista Saavedra Provinz,
für das ganze bolivianische Land,
für die gesamte Welt,
kommen wir her, euch die ch'alla zu bieten,
eine ch'alla für das Watarani cabildo,
für alle Nationen auch,
für die Opferstätten der ganzen Welt,
für das Korn, den Mais, die Nahrung:
Wachstum und Gedeih!

Watarani Opferstätte,
Mutter Erde, heilige Erde,
aus der gesamten weiten Welt
wirst du uns Segen senden,
sei es nun dies oder sei es das,
sei's Geld oder Arbeit,
sei's Handel oder Nahrung,
Vorrat an tunta, Kartoffeln und ch'uñu,
goldener Vorrat möge es sein,
vorzüglich sei alles vereint,
wir bieten die beste ch'alla an,
denn groß soll die Kartoffel sein, groß die oka,
und groß die ch'uñu, die tunta,
groß soll der Vorrat sein.

Ihr hiesigen Inhaber heiliger Orte:
Laßt Nahrung uns wachsen,
haltet Krankheit uns fern,
ein gutes Jahr bringt uns vorbei,
der Wind, der wehe zu seiner Zeit,
der Regen regne zu seiner Zeit,
die Sonne scheine zu ihrer Zeit,
der Frost bleibe fern.

Inhaber heiliger Orte,
all dies bringen aufs Beste wir dar,
damit die Ernte reichlich sei,
und alles allüberall zum Guten sich wende,
vorzüglich, Opferstätte, opfern wir dir,
hierfür, Opferstätte, empfange es auch,
für alle die sieben Flure,
für das ganze bolivianische Land,
für jede Nation, nicht nur einfach für uns,
für die ganze Welt vielmehr sei Nahrung da
und Friede im Herz und eine gute Zeit.

Gebet beim Umgraben der Erde

Heiliger Ort von Umanatha,
Trinchira, Awiti, Ayrampu,
Muju Khaata, Phinata,
Quelle von Chakani,
Kantuta-Opferstätte,
alle heiligen Orte,
laßt mich die Arbeit hier
nicht ohne Früchte tun,
nicht umsonst grabe ich um,
Mutter Erde, heilige Erde,
füll uns wenigstens den Bauch,
wir brauchen Essen,
heilige Orte aufs Beste nun,
Mutter Erde, auch du
verweigere uns nicht deine Frucht,
ihr hohen Orte der Kraft,
Sojo Pata, Tala Primera, Umanatha,
bitte, bleibt nicht stumm.
Wie diese Nelken hier
werdet ihr blühen,
laßt alles gedeihen,
ich bitte euch, es sei nicht umsonst...

Essen, Trinken, Tanz

Wir ehren den heiligen Esqani und opfern auf seinem Gipfel ein lebendes Lama. Mit einem dreitägigen Ritual ehren wir die Kartoffel und den Mais und die gesamte Nahrung aus dem Schoß der Mutter Erde. Wir bereiten eine große Opferung für das erste Umgraben des Feldes nach der Brache. Wir rufen den Regen in einem Ritual.

Wir freuen uns und sagen den heiligen Orten: Wir haben etwas für euch getan, nun werdet ihr uns begleiten und nähren, und wir freuen uns, und jedes Ritual endet deshalb auch in Essen, Trinken und Tanz…

Berufung durch den Blitz

Du kannst nicht einfach daher kommen und sagen: Jetzt diene ich euch, Orte der Kraft. Sie müssen dich rufen. Sonst hören sie deine Gebete nicht und nehmen die Opfergaben nicht an, und alles rituelle Tun ist umsonst. Ich habe dieses schwarze Mal auf dem Kopf. Ich bin mit den Füßen nach vorn geboren. Meine Mutter ist eine Zwillingsgeburt. Ich fand eine Muschel im Feld. Das alles sind Zeichen. Doch ich wollte kein Heiler werden. Ich hütete meine Schafe auf dem Berg. Es kam ein großes Gewitter. Kein Regen fiel. Es krachte und blitzte um mich herum. Ich suchte Schutz. Doch da schlug mich der Blitz. Ich weiß nicht, wie lange ich bewußtlos lag. Ich weiß nicht, wer mich gefunden hat. Ich war krank. Ich wußte nicht, was los war mit mir. Ein Heiler las das Coca für mich: Du bist vom Blitz geschlagen, sagte er, die Orte der Kraft rufen dich, das ist deine Bestimmung, bereite deine Hände auf diese Aufgabe vor. Und so bin ich Heiler geworden.

Gebet bei der Initiation eines Heilers am Ufer des Pachoqota-Sees

Inhaber des hiesigen Ortes der Kraft,
Inhaber des Pachaqota-Sees,
auf den Bergeshöhen
hat dein Name einen guten Klang,
mit einer Aussicht, die bis Peru hin reicht...
Dir zu dienen komm' ich her,
dir zwei lebende Lamas zu opfern.
Juan ist mein Freund, einem Bruder gleich,
aus eben diesem Grund komm' ich her,
für alle Zeiten geb' ich ihm die Hand,
mit seiner eigenen Hand wird er dann opfern,
dafür ist, was wir hier tun,
damit er nun ein Weiser sei,
damit er Heiler wird.
Dreifach werd' die Gaben ich bereiten,
und damit ist's genug,
gültig wird es sein bis hin zu seinem Tod;
der erste Akt, der ist am meisten wert,
ist wie das Legen eines Fundaments,
das ist ein guter Brauch:
Juan legt hier den ersten Stein des Fundaments,
damit es gut in seinem Leben geht,
es gut verläuft, er gute Arbeit tut
und seiner Frau es wohl ergeht...
Ein Weiser wird er sein,
alles Unheil wird er heilen,
und damit wird er guten Lohn erzielen,
genug für einen Ochsen, eine Kuh,
so sehr verehrt,
so vielfach aufgesucht wird er dann sein,
daß keine Zeit ihm bleibt in seinem Dorf,
so hoch geschätzt wird er dann sein,
als Heiler so gefragt...

Ihr Orte der Kraft,
gebt ihm jetzt für alles Tun die gute Hand.
Pachaqota-See: Wir sind hierhergekommen,
versammeln werdet ihr euch alle jetzt
an diesem Ort,
deshalb auch kauen wir das Coca hier.
Opferort, aufs Beste werde ich's beginnen,
komplett betrunken werdet ihr bald sein,
doch streitet euch dann nicht,
kriegt euch nicht wegen irgendwas ins Haar,
beklagt euch nicht,
gerecht sollt ihr den Trunk euch teilen,
reichlich Wein hab' ich euch mitgebracht.
Damit ihr gut auch speisen könnt,
hab' Süßigkeiten ich euch mitgebracht,
zu Kummer wird kein Anlaß sein.

Und nun, gib du mir auch die Hand,
gib mir Vernunft,
gib mir Gedanken ein,
den guten Willen,
jedes Zögern sei mir fern;
und verzeih, was immer war,
ein Vergehen oder irgendwas,
das sollst du mir verzeihen.

Gesundheit und Glück,
der Katholiken Heiligenschar,
der kleine und der große Heilige,
der Heiler des Inka-Königs,
des Inka-Königs höchster Vater und Herr,
der um die Rufung aller Götter weiß,
der mit ihnen auch zu reden weiß...
Der mallku-Kondor, alle mallkus insgesamt,
der weiße und der schwarze mallku,
ihr alle kommt jetzt bitte her,
versammelt euch jetzt hier,
ihr habt Flügel, ihr – kommt also her,
denn ich bereite euch ein Mahl,
von dem ihr euch bedienen könnt.

Kein Feind, kein Elend,
kein Kummer sei mehr hier,
phuuuh!, verdammt, nach links hinweg!
Niemand soll zuschauen, was wir tun,
nicht mal ein Lamahirte, nein, verdammt,
wer zuschaut, wird sterben, als Opfertier, verflixt,
kein Ruf, kein Pfiff, kein Lama-Laut,
phuuuh!, links, links, nach links hinweg,
phuuuh, phuuuh!

Es habe seiner Hände Tun Erfolg,
Erfolg soll haben seine Hand,
was er bereitet, sei von Erfolg gekrönt,
strahlen soll sein Tun, den Sternen gleich...
Für seine Hand erflehe ich das höchste Glück,
mit Muße bereite ich die Gaben hier,
aufs Beste stets;
an erster Stelle, Pachaqota, kommen wir zu dir,
das Herz von Juan schlägt stets für dich...

Von Herzen bin ich hergekommen,
das Mahl euch zu bereiten,
und hab' es mit der eigenen Hand
hierhergebracht,
Blitz aus Silber, Wetterleuchten aus Gold,
das zu tun bin ich erwählt.
Gottheit des Pachaqota-Sees:
Oft schon haben du und ich uns unterhalten,
denn oft komm' ich zu dir,
du kennst mich schon,
wie ein Bruder bin ich schon für dich;
und im gleichen Sinn
bring' ich jetzt Juan zu dir,
nimm du ihn an.

Mit wem zusammen er auch heilen wird,
wo immer es auch sei,
über all dies weißt du dann Bescheid,
nicht einmal ich kann dieses wissen,
doch du, du weißt Bescheid,
in welcher Weise er dies tut,
in seinem Dorf,
vielleicht auch in der Stadt,
du weißt genau Bescheid,
wohnen wirst du tief in seinem Herz,
aufs Beste gib ihm jetzt die Hand,
und was für Juan geschehen wird,
das ist jetzt auch in meiner Hand,
dies ist die Hand der Kallawaya-Heiler,
und mit dieser Übertragung ist auch alles gut,
die Opfergaben wird er bringen,
und was zuerst bereitet werden muß,
wem man die Gaben anzubieten hat,
das alles weiß er längst,
aufgelistet ist es schon,
es ist in seinem Kopf bereit;
hegt keinen Zweifel, ihr,
von ganzem Herzen, ganzem Herzen stimmet zu.
Zu jeder Zeit kann er jetzt Opfer bringen
für anderer Menschen Wohl,
heilen wird er sie,
reichlich auch verdienen,
ja, reichlich Lohn auch stets bekommen,
den besten Ruf genießen,
mit seiner Hand wird er Massagen machen,
und damit heilen, zart berühren,
und dann wird der Patient genesen sein...

Vom heutigen Tage an
ist er zum Heiler geweiht,
vom heutigen Tage an
erhält er die Genehmigung,
erhält er die Lizenz,
wird nichts mehr einfach so
mit seinen Händen er berühren,
vor keiner Heilung sich mehr scheuen,
denn er hat jetzt Lizenz und die Genehmigung,
die Lizenz des Pachaqota-Sees.

Ein Herz soll er haben wie ich,
eine Heiler-Hand, die meiner gleicht,
ein Ritualist des Jahreszyklus sein wie ich,
ein Rufer des Regens wie ich,
ein Heiler der Menschen wie ich,
ein Schöpfer von Ehen wie ich,
alles wird er tun, ohne selbst zu erkranken,
Medikamente wird er bereiten,
Medikamente einnehmen lassen,
die Patienten retten damit,
sie gesunden lassen,
seine eigene Hand wandle sich ab jetzt
zu einer wirksamen Medizin...
Alles ist zum Guten hin gewandt,

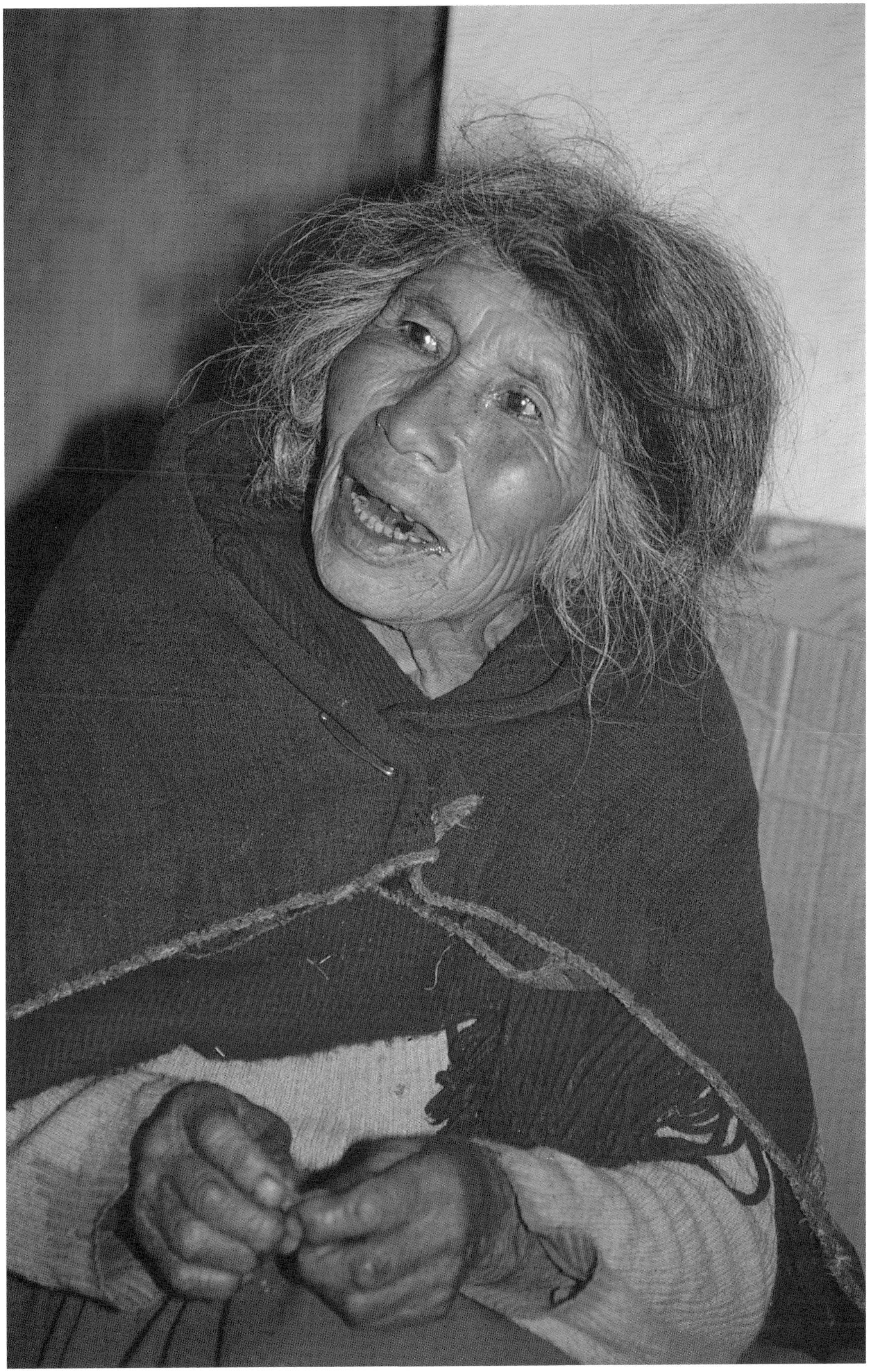

was an Krankheit vielleicht in ihm war,
was an Groll,
was an sorgenvollen Gedanken,
an nächtlicher Schlaflosigkeit,
das alles ist mit diesen Opfergaben jetzt geheilt.

Glück aus Silber und Glück aus Gold,
Erde aus Silber und Erde aus Gold,
dieser mein Bruder erhielt jetzt die Hand,
mit seiner Hand wird er dir Opfergaben bringen,
mit seiner Hand,
hier nun sind seine Hände,
ich zeichne ein Kreuz,
es weht nicht einmal ein Wind,
bestes Glück aus Silber, aus Gold,
Erde aus Silber und Erde aus Gold,
dies sind Hände aus Silber, Hände aus Gold,
Hände, die jetzt rein gewaschen sind,
und mit diesen Händen
wird er die Opfergaben jetzt bereiten,
Opfergaben für den Blitz,
Opfergaben für die Erde,
Opfergaben für Gloria,
kleine Opfergaben der Versöhnung,
all diese mesas wird er jetzt bereiten,
die schwarze Heilung auch,
die schwarze mesa, die kuti mesa,
die Hexen-mesa wird er bereiten,
alles, alles wird er nun tun...,
die Libation vollziehn,
Zigaretten rauchen im Ritual,
Coca kauen,
fünfmal, viermal, einmal auch,
denn Heiler ist er jetzt, Weiser ist er,
nach Peru wird er als Heiler ziehn,
nach Brasilien reisen,
überall hin wird er mit diesem Wissen gehn,
Erfolg wird sich einstellen von überall her,
hier am cabildo des Pachaqota-Sees,
im Angesicht dieses Sees.
Amen, Jesus, Maria und Josef.

Gesund und glücklich sei mein Bruder jetzt,
er ist dein Sohn, dein Enkelsohn, das ist er nun,
in allem wirst du ihm zur Seite stehen,
Glück ihm bringen aller Art...

Hier stehe ich,
als dein Diener, Pachaqota, steh' ich hier,
als Heiler des Inka-Königs,
Kallawaya aus dem Dorf im Tal,
dessen Name berühmt ist.
Hier ist der Qhomer Qocha,
sakrale Schätze sind gewiß auf seinem Grund,
dort liegt wahrscheinlich Gold,
dieses Gold, das komme hierher,
auch jener Verstorbenen ch'amakani komme her;
im Geist und Sinn ihrer Hand

gebt meinem Bruder hier die Hand,
und mit jener Hand wird er dann heilen.
Gesund sei jetzt Juan,
von welcher Krankheit auch immer: gesund;
und Heiler ist er jetzt,
was er an Heilungsdingen auch berühren wird,
den Lamafötus, oder was es sei,
das wird ihm auch gelingen;
bereitet er ein kleines Opfer:
Es wird gelingen;
alle Bereitungen für Gesundheit und Wohl:
auch das wird gelingen;
eine Hochzeitsheilung wird er bereiten:
gut wird sie sein,
mit einem Paar von Lamaföten,
zwei Eier für Ankari wird er opfern;
auch die Schwarze Heilung wird er vollziehn,
am Dienstag und Freitag,
und auch die wird dann erfolgreich sein.
Es ist für seine Hand,
ohne daß irgendwer ihn sieht, ganz geheim,
ohne daß jemand hört,
was er spricht und was er opfert,
kein Mensch soll davon wissen,
nur sein Herz, das weiß Bescheid,
was er getan, was er gelassen hat,
was er geopfert, nicht geopfert hat;
und dieser Pachaqota-See wird ihm zur Seite stehen,
ihn wohl erhalten,
krank wird er nicht sein,
sogar verjüngen wird er sich.
Gesund sei auch sein Weib,
gut werden sie zusammen sein,
kein Streit, kein böses Wort,
kein Feind, kein Unheil tauche auf;
und seinen Feind,
den wird er einer Schwarzen Heilung unterziehen,
den wird er mit Coca links weg kauen,
mit Zigaretten und Coca verschnürt ihn treten,
das wär's, er selbst wird dies in Ordnung bringen,
seine Hände seien des Erfolges voll.

Heilungsritual für Wärme im Haus

Ich heiße Dominga Machaca de Pumasaqa.
Ich bin aus Wayrapata.
Ja, ich bin Heilerin. Alle kommen zu mir.
Sie haben ihre Seele verloren, dann kommen
sie zu mir. Ich rufe die Seele.
Sie haben ein Schaf verloren, sie kommen zu mir.
Ich lese das Coca. Wir finden es wieder.
Sie haben einen Feind. Wir wählen einen schwarzen
Tag. Ich bereite ein schwarzes Bündel. Ich ent-
machte den Feind.
Ich bringe Opfergaben dar an jedem ch'an.
Chawpi Kancha Cabildo, Nest des Kondor Mamani,
bring Gutes hierher, so bete ich. Und dann kommt
Wärme ins Haus.

Die Bäume sind Menschen

Ich habe geträumt, daß mit großem Krachen ein Eukalyptusbaum auf meine Hütte fällt. Ich bin aufgesprungen und rausgerannt. Da stand León und hatte den Baum gefällt. Warum, verdammt, fällst du den Baum? Er macht Schatten. Ich brauche Holz. Er ist mürbe, hat er gesagt. Dann bin ich aufgewacht.

Mit Sorge habe ich an meinen Sohn gedacht. Schon lange geht es ihm nicht gut. Er wird doch nicht sterben, habe ich gedacht. Und er ist gestorben. Der Traum hatte es mir gesagt. Und als mein letzter Sohn starb – acht hatte ich, jetzt ist keiner mehr da – stürzte auch ein Baum.

Sie sprechen im Wind und sie sprechen im Traum. Die Bäume sind Menschen. Wenn ich einen Baum fällen muß, spreche ich mit ihm. Bitte vergib mir, sage ich zu ihm. Wenn im Traum ein Baum zu stürzen droht, stütze ich ihn. Und ich bete zu Ankari, dem Wind, damit er aufhört zu wehen.

Die heiligen Berge werden stumm

Jeder Berg ist ein heiliger Berg. Früher haben die Berge geredet. Man konnte sie hören. Jetzt sind sie stumm.

Früher haben wir jeden Tag mit ihnen gesprochen. Wir haben den Tag begonnen, wir haben den Orten der Kraft eine Cocagabe geboten, wir haben gebetet: Nimm diese Gabe an, beschütze mich...Wir haben keinen Weg unternommen, ohne Mutter Erde und den heiligen Bergen zu opfern, wir haben zu ihnen gesprochen. Und sie haben uns geantwortet und uns Richtung gegeben und Kraft.

Die jungen Leute heute sind anders. Sie stehen auf und fangen an. Kein Wort. Kein Gebet. Keine Gabe. Sie laufen los, um schnell anzukommen. Ich habe keine Zeit, Cocaopfer zu bringen, sagen sie. Ich habe kein Coca übrig, sagen sie.

Deshalb sind die heiligen Berge stumm geworden.

Den Ursprung erinnern

Es gibt welche aus unserem Dorf, die ziehen in die Stadt. Sie vergessen die Opferstätte ihrer Hütte. Sie erinnern sich nicht mehr des Dorfes. Sie vergessen die Erde. Und sie sterben früh. Vorher haben diese Leute ihre Opferstätte gewiß mit Opfergaben versorgt. Die Opferstätte können wir nicht einfach negieren. Die Opferstätte ist wie ein menschliches Wesen. Wir können sie nicht erst versorgen und dann einfach vergessen. Sie ist wie ein menschliches Geschöpf. Wenn wir ein Kind Tag und Nacht verlassen – weint es dann nicht, weint es dann nicht Tag und Nacht? Genauso ist es mit der Opferstätte der Hütte. Wenn wir sie verlassen, fallen wir dem Fluch anheim. Die Leute sterben früh. Unheil verfolgt sie. Die Leute im Dorf dagegen werden alt.

Wohin gehen wir nach dem Tod,
Väterchen?

Wir kommen aus der Erde.
Wir kehren zur Erde zurück.
Das ist alles.

Anmerkungen und Glossar

Zur Übersetzung der Texte aus dem Quechua: vgl. RÖSING 1993a, S. 26–30

Durchgehend verwendete Begriffe:

Heiler: Heilt mit Kräutern und Ritual im Kontext der Familie

Ritualist: Heilt mit Ritual im Kontext der Familie

Jahres- oder Kollektivritualist: In Quechua: *watapurichiq*, «der das Jahr zum Gehen bringt», er ist verantwortlich für die großen zyklischen Agrikulturrituale und die im Kontext des Dorfkollektivs durchgeführten Bedarfsrituale

Ritualgehilfe, Ritualfrau: Träger von Ritualnebenrollen, manchmal ad hoc bestimmt, manchmal eine Dauerposition mit umschriebener Aufgabe wie Beopferung heiliger Orte und Seen außerhalb der Hauptritualbühne eines Kollektivrituals

Wo im Rahmen des Quellenverzeichnisses zum Bildmaterial bei den Personen kein Titel angegeben ist, liegt auch keine entsprechende Rolle im Ritual vor.

Bei den Quellenangaben zu den Texten sind keine Titel angegeben, weil alle zitierten Texte von Heilern und Ritualisten stammen.

In den Gebeten vorkommende Quechua-Begriffe:

ACHACHILA: Gottheit eines heiligen Ortes. Wörtlich: Großvater. Aymara-Bezeichnung für die Gottheit, den Inhaber der heiligen Orte *(lugarniyoq, machula)*.

ANCHANCHU: Geistwesen der Dunkel-Welt (vgl. *soqo, awila),* eher bösartig.

ANKARI: Gottheit des Windes, Bote, Überbringer von Opfergaben an die Inhaber heiliger Orte.

AWICHA: Geistwesen der Dunkel-Welt. Wörtlich: Großmutter, Ahnherrin. Kommt in zwei Bedeutungen vor: 1. Weibliche, eher «böse» Geistwesen, die im Halbdunkel des Abends unterwegs sind. 2. Auch synonym mit *awila* verstanden, Ahnherrin, Bewohnerin von *ch'ullpas*, Ahnengräbern.

AWILA: Ahnherrin. Wörtlich: Großmutter, Ahnherrin. Kommt in zwei Bedeutungen vor: 1. Im Sinn von *awicha*, ein weibliches eher böses Geistwesen. 2. Ahnherrin, der es im Kollektivritual zu opfern gilt. In diesem Sinn aber ausschließlich in Kombination mit *machula*. Eine Opfergabe für «*awila/machula*» ist eine Opfergabe für die Ahnen. «*Awila*» allein hat die 1. Bedeutung.

CABILDO: Opferstätte. Eigentliche Bedeutung des spanischen Wortes: Stadtrat, Stadtversammlung. In der Kallawaya-Region hat *cabildo* jedoch diese ganz andere Bedeutung: Bezeichnung für die Opferstätte einer jeden Hütte, die kollektiven Opferstätten (*comun cabildo*) des Dorfes, die Opferstätten heiliger Orte (vgl. *ch'an,* was die alte Bezeichnung ist).

CH'ALLA: Besprühung, Libation. Diese Handlung gehört zu jeder andinen Opferung dazu. Aus einem Gefäß mit der *ch'alla*-Flüssigkeit (reiner Alkohol, Rotwein, Blut des Opfertieres, Wasser von Quellen usw.) wird dieses Naß mit den Fingern oder mit einer Nelkenblüte vertropft, sei es auf die *mesa,* auf die Mutter Erde oder in Richtung heiliger Orte.

CH'AMAKANI: Schamanische Heiler der Aymaras.

CH'AN: Opferstätte. Es ist in der Kallawaya-Region ein früher gebräuchliches Wort für *cabildo,* die Opferstätte, das man allerdings nur noch selten hört.

CH'ULLPA: Ahnengräber.

CH'UÑU: gefriergetrocknete Knollenfrüchte.

ILLA, ILLAYOQ: «Aura» der Tiere. Tiere, vor allem Lamas und Alpakas, haben eine *illa,* die es zu stärken gilt. Quellen verfügen über *illa,* sie sind *illayoq*, Inhaber von *illa*. Deshalb stärkt das Wasser derjenigen Quellen, welche *illayoq* sind, die *illa* der Tiere, wenn man sie damit besprüht oder wenn man den *illayoq*-Quellen opfert.

INAL MARÍA: Bezeichnung für das Cocablatt im Ritual, das

im Aymara-Verständnis aus drei Schwestern besteht, deren mächtigste Inal María ist.

Jaramata: Eine Krankheit, die man sich holt, wenn man als Unbeteiligter eines Rituals in das Opferfeuer schaut.

Kuti mesa ist eine sanfte Variante der schwarzen Heilung, deren Ziel es ist, das erlittene Unheil an den Verursacher zurückzuverweisen (*kuti* = zurück).

Machu: Der *machu* ist der einem Menschen speziell zugeordnete Inhaber eines heiligen Ortes, bestimmt durch die Lesung von Cocablättern, welcher diesen Menschen in besonderer Weise sein ganzes Leben lang begleitet/beschützt.

Mallku: Gottheit heiliger Orte. Eine in den Anden Perus und Boliviens verwendete Bezeichnung für die an heiligen Orten wohnhaften Gottheiten, im gleichen Sinn wie *lugarniyoq* oder *machula*.

Markiri: gleiche Bedeutung wie *machu*.

Mesa: Opfergabenbereitung. Ob das Wort von der spanischen *mesa* (Tisch, und im weiteren Sinn «Untergrund für eine Bereitung») oder von *misa* (Messe, oder im weiteren Sinn «rituelles Geschehen») abgeleitet ist, ist unklar. Es ist jedenfalls der unter den bolivianischen Quechua- wie Aymara-Indianern häufigst verwendete Begriff für: Opfergabenbereitung aus einzelnen Opfergabennestern (*platos*) und pars pro toto für alle Rituale. Es werden je nach Zielsetzung des Rituals eine weiße und eine schwarze *mesa* unterschieden (*yuraq mesa, yana mesa*).

Oscollo: Kleiner Marder, ein heiliges Tier, angesehen als «Katze» der heiligen Orte.

Pachaje: vgl. *paranqe*.

Paranqe: Geistwesen der Dunkel-Welt. Dieses Geistwesen, auch *pachaje* genannt, wird von Medizinmännern und Ritualisten der Kallawaya-Region höchst verschieden definiert. Der gemeinsame Name ist das Verständnis von *paranqe* als ein Geistwesen der Dunkel-Welt. Es könnte sein, daß der Name sich ableitet von dem Aymara-Wort *pharaña* = trocken, trocken sein. Andere Geistwesen der Dunkel-Welt (vgl. *soqo, awila, ch'ullpa*) werden auch mit Trockenheit assoziiert. Wie viele Wesenheiten der Dunkel-Welt, wenn sie nicht den Ahnen (*soqo, awila, ch'ullpa*) angehören, sind auch *pachaje* und *paranqe* mit Macht über die Reichtümer unter der Erde assoziiert.

Qhapana: Flur. In der Kallawaya-Region meist nur im rituellen Kontext gebraucht. Die Agrarrituale ehren (u.a.) die jeweilige Flur, welche dieses Jahr (nach einer Brachezeit) vom Dorf bestellt wird. Alle *qhapanas* haben ihre speziellen Opferstätten (*cabildos*).

Qowi: Meerschweinchen. Ein im andinen Ritual oft verwendetes Opfertier.

Soqo, sojjo: Tote, Ahnen, Knochen der Ahnen. *Soqo* oder *sojjo* heißt hohl, leer. Das Aymara-Wort auch: «Maske». Gemeint sind die Ahnengeister der *ch'ullpas*, der Ahnengräber. Im Gebet oft in der Dreiform «*soqo-awila-ch'ullpa*» verwendet.

Tío, tía: Geistwesen der Minen. Wörtlich: Onkel, Tante. Die so umschriebenen Geistwesen der Minen werden als Inhaber der Minenreichtümer – Gold und Silber – angesehen und mit Opfergaben versehen.

Tunta: gefriergetrockente Knollenfrüchte.

Tuwana: Ein heiliger Berg in der Kallawaya-Region, besonders verehrt, weil er *tawichoyoq* ist, Macht über die Nahrung hat.

Watayoq: Der *watayoq* ist derjenige heilige Ort, welcher durch Coca-Lesung ermittelt wurde und dieses Jahr (*wata*) ein Dorf in besonderer Weise begleitet: Er hat für das Dorf Macht über dieses Jahr, ist Inhaber dieses Jahres.

Quellenverzeichnis: Bilder

Umschlagbild: Der Kallawaya-Heiler und Ritualist Válentin Quispe aus Lunlaya. Friedhof vor dem heiligen Berg Illampu
Seite 35: Der heilige Berg Akamani und der Doppelgipfel des heiligen Sillaka
Seite 37: Lamakarawane im Morgennebel des Pumasani-Abhangs
Seite 39: Apolinar Ramos bei der Libation auf dem Gipfel des heiligen Berges Atichamán
Seite 41: Weg nach Chullina, Blick ins Tal von Charazani
Seite 47: Ankunft der Regenruf-Ritualisten am heiligen See Pachaqota
Seite 51: Weidende Lamas bei Toqoroqo
Seite 53: Zwei Ritualgehilfen aus Amarete auf dem Gipfel des heiligen Berges des Blitzes, des Esqani, bei der Bewachung von Kerzen in einem Felsspalt
Seite 55: Opfergabenverbrennung am Fuß der Kirche bei einem Kollektivritual in Quiabaya
Seite 57: Luisa aus Canizaya
Seite 59: Tomas Chalco aus Amarete
Seite 61: Ahijada Sabina aus Upinhuaya
Seite 63: Kinder mit Esel im Chukisán-Hof von Amarete
Seite 65: Claudio Quispe aus Lunlaya
Seite 67: Isidora de Paye aus Tikinhuaya
Seite 69: Rückführung der Schafe im Abendlicht, Chajaya
Seite 71: Hütte in der Nähe von Saganacón
Seite 73: Pedro Quispe von Lunlaya beim Weihungsgebet im Corral der Schafe
Seite 75: Opfergaben-mesa-Bereitung für die Lama- und Alpaka-Herde in Medallani
Seite 77: Die Weihrauchweihung des *Mama Q'epi* (Mutter-Bündels), Toqoroqo
Seite 79: Abschiednehmen vom Opfertier bei einem Kollektivritual in Kaalaya
Seite 81: Gebet mit dem frischen Herzen des Opfertieres beim Chawpinchis-Ritual in Apacheta
Seite 83: Schmoren des Opfertierherzens im Wasser der Quellen. Q'owa-Ritual in Amarete
Seite 85: Kollektiv-Ritualisten am Opferfeuer beim Q'owa-Ritual in Amarete
Seite 87: Gebete im Phicha-de-Vara-Kollektivritual in Huata Huata
Seite 89: Opfergabenverbrennung in Huatu
Seite 91: Die rituelle Ehrung der Nahrung durch Frauen im August-Qallay-Ritual von Upinhuaya
Seite 93: Julia mit Weihrauchschale
Seite 95: Tanz nach dem Qallay-Kollektivritual in Kaalaya
Seite 97: Silvestre Blanco, der General Apu (Kollektivritualist) von Apacheta
Seite 99: Der Kallawaya-Ritualist Marcos Apaza aus Amarete/Charazani
Seite 101: Der Kallawaya-Heiler und Ritualist Válentin Quispe aus Lunlaya
Seite 103: Die Heilerin Santusa Quispe aus Kanlaya
Seite 105: Der Kallawaya-Heiler und Jahresritualist von Amarete, Pascual Tapia
Seite 107: Die Heilerin Manuela Mamani aus Huata Huata im Gebet mit einem Lamafötus
Seite 109: Die Heilerin Dominga Machaca de Pumasaca aus Wayrapata
Seite 111: Äcker und Eukalyptusbäume am Rande von Khaata
Seite 113: Das Altiplano vor der Apolobamba-Kordillere
Seite 115: Wohnhütte des Kallawaya-Heilers und Jahresritualisten Válentin Quispe in Lunlaya
Seite 117: Friedhof vor dem heiligen Berg Illampu

Quellenverzeichnis: Texte

Seite 34: Mutter Erde ist überall
Aus den Lehren von Marcos Apaza, Amarete/Charazani
Seite 34: Gebet an die Mutter Erde
Manuela Mamani beim Februar-Qallay in Huata Huata
Seite 36: Wir sind viel unterwegs
Juan Vargas, Mamilluni, im Gespräch bei einer Weißen August-Heilung
Seite 38: Jeder Mensch hat einen heiligen Ort
Aus den Lehren von Válentin Quispe, Lunlaya
Seite 38: Gebet auf dem Gipfel des heiligen Berges Atichamán
Aurelio Mamani aus Huata Huata bei einem Weißen Heilungsritual auf dem Gipfel des Atichamán
Seite 40: Der Wind ist heilig
Marcos Apaza, Amarete/Charazani, und Juan Vargas, Mamilluni, bei einer Weißen August-Heilung
Seite 40: Gebet an Ankari: Das Tor des Windes
Francisco Ninaconde, Charazani, bei einem Ritual zur Rufung des Regens am Ufer des heiligen Sees Pachaqota
Seite 42: Der zwölffache Ankari
Dreistimmiges Gebet bei der Opfergabenbereitung für die Opferstätte des Hofs der Mitte und seinen Ankari in Vorbereitung eines Rituals zur Rufung des Regens in Quiabaya
Seite 43: Besänftigung des Windes
«Chorgebet» an der Kawaya-Opferstätte bei einem Ritual zur Rufung des Regens, Quiabaya, auf dem langen Weg zum weiblichen Titiakán- und männlichen T'iliakán-Regen-See
Seite 44: Die Seen sind heilig
Manuel Ticona, Quiabaya
Seite 45–48: Die Rufung des Regens am Pachaqota-See
Francisco Ninaconde bei einem Ritual zur Rufung des Regens, Charazani
Seite 49: Die Quellen sind heilig
Aus den Lehren von Vicente Kallampa, Toqoroqo
Seite 50: Gebet an die Quellen
Vicente Kallampa, Toqoroqo, bei einem Ritual für die Lama- und Alpaka-Herde
Seite 52: Der Blitz ist heilig
Aus den Lehren von Marcos Apaza, Amarete/Charazani
Seite 52: Gebet an den Blitz
Luciano Apaza, Chari, bei einem Heilungsritual für das Blitzgeschlagen-Sein
Seite 51: Und könnte «Gott» böse sein, wenn wir der Mutter Erde Opfergaben bringen und zu ihr beten?
Aus den Lehren von Válentin Quispe, Lunlaya
Seite 56: Die verlorene Seele, das reine Herz
Aus den Lehren von Octavio Magnani, Curva
Seite 58–66: Gebet aus einem Weißen Heilungsritual für das Wohl einer Frau und ihrer Familie
Marcos Apaza, Amarete/Charazani
Seite 68: Das Nest des Kondor Mamani
Aus den Lehren von Manuela Mamani, Huata Huata
Seite 70: Gebet an der Opferstätte der Hütte vor dem Aufbruch zu einer langen Reise in eine ferne Region
Daniel Lizárraga, Curva
Seite 72: Opferstätten von Hütte, Hof und Stall
Aus den Lehren von Ubaldo Kuno, Amarete
Seite 72: Gebet zur Vergebung der Blitzgetroffenheit an der Opferstätte der Hütte
Luciano Apaza, Chari, aus einem Heilungsritual für die Getroffenheit vom Blitz
Seite 74: Opfergabenbereitung
Vicente Kallampa, Toqoroqo, bei einem Heilungsritual für die Lama- und Alpaka-Herde
Seite 76: Das Mama Q'epi, das Mutterbündel
Aus einem Gespräch mit Blas Kallampa, Toqoroqo
Seite 78: Das Lama als Opfertier
Aus den Lehren von Ramón Álvarez, Chajaya

Quellenverzeichnis Texte

Seite 80: Gebet mit dem Herzen des Opfertiers
Silvestre Blanco im Chawpinches-Ritual von Apacheta
Seite 82–90: Gebet gegen den Hunger und für den Frieden in der Welt
«Chorgebet». Enrique Ticona, Severo Ticona u. a. Bei einem Kollektivritual in Chajaya
Seite 92: Gebet beim Umgraben der Erde
Isidro Válentin Kuno Flores, Amarete, bei der Feldarbeit
Seite 94: Essen, Trinken, Tanz
Aus den Lehren von Isidro Válentin Kuno Flores, Amarete
Seite 96: Berufung durch den Blitz
José Encarnación Mamani, Urpihuaya
Seite 98–106: Gebet bei der Initiation eines Heilers am Ufer des Pachaqota-Sees
Francisco Ninaconde, Charazani
Seite 108: Heilungsritual für Wärme im Haus
Dominga Machaca de Pumasaca, Wayrapata
Seite 110: Die Bäume sind Menschen
Aus den Lehren von Válentin Quispe, Lunlaya
Seite 112: Die heiligen Berge werden stumm
Pablo Ticona, Niñokorin
Seite 114: Den Ursprung erinnern
José Carmen Quispe, Niñokorin
Seite 116: Wohin gehen wir nach dem Tod
Aus den Lehren von Válentin Quispe, Lunlaya

Weiterführende Literatur

ALLEN, Catherine J. (1988), *The Hold Life Has. Coca and Cultural Identity in an Andean Community.* Washington/London: Smithsonian Institution Press.

ARNOLD, Denise Y. (Ed.) (1992), *Hacia un Orden Andino de las Cosas. Tres Pistas de Los Andes Meridionales.* La Paz: Hisbol.

BASTIEN, Joseph W. (1978), *Mountain of the Condor. Metaphor and Ritual in an Andean Ayllu.* St. Paul: West Publishing Co.

BERG, Hans van den (1989), *La Tierra No Da Así No Más. Los Ritos Agrícolas en la Religión de los Aymaras-Cristianos.* Amsterdam: CEDLA.

BOUYSSE-CASSAGNE, Thérèse; HARRIS, Olivia; PLATT, Tristan ET AL. (1987), *Tres Reflexiones sobre el Pensamiento Andino.* La Paz: Hisbol.

BRIGGS, Lucy Th.; LLANQUE CHANA, Domingo; PLATT, Tristan ET AL. (1986), *Identidades Andinas y Lógicas del Campesinado.* Lima: Mosca Azul Editores.

BUECHLER, Hans Christian; BUECHLER, Judith-Maria (1971), *The Bolivian Aymara.* New York: Holt, Rinehart and Winston.

CLAROS-ARISPE, Edwin (1991), *Yllapa: Gott und Kult des Blitzes in den Anden.* Regensburg: S. Roderer Verlag.

CLASSEN-BAUER, Ingrid (1991), *Die magische Welt der Andenländer und ihr Konflikt mit dem abendländischen Denken. Eine Auseinandersetzung mit dem Einfluß der abendländischen Zivilisation auf die Dritte Welt und ihr Einfluß auf die kulturelle Identität einheimischer Völker.* Berlin: Verlag für Wissenschaft und Bildung.

DELGADO, Mariano (1996), *Abschied vom erobernden Gott. Studien zur Geschichte und Gegenwart des Christentums in Lateinamerika.* (Supplementa Band 43) Immensee (Schweiz): Neue Zeitschrift für Missionswissenschaft.

GIRAULT, Louis (1988), *Rituales en las Regiones Andinas de Bolivia y Perú.* La Paz: Don Bosco.

ISBELL, Billie Jean (1985), *To Defend Ourselves. Ecology and Ritual in an Andean Village.* Prospect Heights/Illinois: Waveland Press (3. ed.).

MARISCOTTI DE GÖRLITZ, Ana María (1978), Der Kult der Pachamama und die autochthone Religiosität in den Zentral- und nördlichen Süd-Anden. Zeitschrift für Missionswissenschaft und Religionswissenschaft 2, 81–100.

OBLITAS POBLETE, Enrique (1963/1978), *Cultura Callawaya.* La Paz: Talleres Gráficos Bolivianos (2da edición 1978).

OSSIO ACUÑA, Juan M. (1992), *Parentesco, Reciprocidad y Jerarquía en los Andes. Una Aproximación a la Organización Social de la Comunidad de Andamarca.* Lima: Pontificia Universidad Católica del Perú, Fondo Editorial.

OTERO, Gustavo A. (1951), *La Piedra Mágica. Vida y Costumbres de los Indios Callahuayas de Bolivia.* México: Instituto Indigenista Interamericano.

PACZENSKY, Gert von (1991), *Teurer Segen. Christliche Mission und Kolonialismus.* München: Albrecht Knaus Verlag.

RASNAKE, Roger Neil (1988), *Domination and Cultural Resistance. Authority and Power among an Andean People.* Durham/NC: Duke University Press.

RÖSING, Ina (1987/1992), *Die Verbannung der Trauer. (Llaki Wijch'una). Nächtliche Heilungsrituale in den Hochanden Boliviens.* MUNDO ANKARI Band 1. Nördlingen: Greno; 1. Auflage 1987. Frankfurt am Main: Zweitausendeins; 3. Auflage 1992.

RÖSING, Ina (1988/1990), *Dreifaltigkeit und Orte der Kraft: Die Weiße Heilung. Nächtliche Heilungsrituale in den Hochanden Boliviens.* MUNDO ANKARI Band 2, Buch I und Buch II. Nördlingen: Greno; 1. Auflage 1988. Frankfurt am Main: Zweitausendeins; 2. Auflage 1990.

RÖSING, Ina (1990/1993), *Abwehr und Verderben: Die Schwarze Heilung. Nächtliche Heilungsrituale in den Hochanden Boliviens.* MUNDO ANKARI Band 3. Frankfurt am Main: Zweitausendeins; 1. Auflage 1990; 2. Auflage 1993.

RÖSING, Ina (1990a), *Der Blitz: Drohung und Berufung. Glaube und Ritual in den Anden Boliviens.* München: Trickster.

RÖSING, Ina (1990b), Die Initiation zum «Arzt», zum Heiler. Professionelle Werte, Selbstverständnis und Initiation bei den Callawaya-Medizinmännern in den Anden Boliviens. In: *Ulmensien. Schriftenreihe der Universität Ulm, Band 4.* Ulm: Universitätsverlag, 199–214.

RÖSING, Ina (1990c), El Ankari. Figura central y enigmática de los Callawayas (Andes bolivianos). Anthropos – Internationale Zeitschrift für Völker- und Sprachenkunde 85 (No 1/3), 73–89.

RÖSING, Ina (1991), *Die Schließung des Kreises: Von der Schwarzen Heilung über Grau zum Weiß. Nächtliche Heilungsrituale in den Hochanden Boliviens.* MUNDO ANKARI Band 4. Frankfurt am Main: Zweitausendeins.

RÖSING, Ina (1992), Los Callawayas. Curanderos de los Andes bolivianos: mitos y realidad. Anthropos – Internationale Zeitschrift für Völker- und Sprachenkunde 87 (No. 1/3), 206–214.

RÖSING, Ina (1993a), *Rituale zur Rufung des Regens. Zweiter ANKARI-Zyklus: Kollektivrituale der Kallawaya-Region in den Anden Boliviens.* MUNDO ANKARI Band 5. Frankfurt am Main: Zweitausendeins.

RÖSING, Ina (1993b), Religion, Ritual und kollektives Gedächtnis. Gott und Götter. Das Vaterunser als Joker im andinen Heilungsritual. In: *Ulmensien. Schriftenreihe der Universität Ulm, Band 6.* Ulm: Universitätsverlag, 47–62.

RÖSING, Ina (1994), Opferschuld. Ein zentraler Begriff der andinen Religion. In: BAUMANN, Max Peter (Hrsg.), *Kosmos der Anden. Weltbild und Symbolik indianischer Tradition in Südamerika.* München: Eugen Diederichs Verlag, 79–109.

RÖSING, Ina (1995), Paraman Purina – Going for Rain. «Mute Anthropology» versus «Speaking Anthropology»: Lessons from an Andean collective scarcity ritual in the Quechua-speaking Kallawaya and Aymara-speaking Altiplano region (Andes, Bolivia). Anthropos – Internationale Zeitschrift für Völker- und Sprachenkunde 90 (No. 1/3), 69–88.

RÖSING, Ina; APAZA, Marcos ET AL. (1994), *Zwiesprachen mit Gottheiten von Bergen, Blitzen, Quellen und Seen: Weiße Kallawaya-Gebete.* UKAS Band 1. Ulm: Ulmer Kulturanthropologische Schriften.

SCHLEGELBERGER, Bruno (1992), *Unsere Erde lebt. Zum Verhältnis von altandiner Religion und Christentum in den Hochanden Perus.* Immensee (Schweiz): Neue Zeitschrift für Missionswissenschaft.

STEGER, Hanns-Albert (1991), *La Concepción de Tiempo y Espacio en el Mundo Andino.* Frankfurt am Main: Vervuert.

VALDERRAMA FERNANDEZ, Ricardo; ESCALANTE GUTIERREZ, Carmen (1988), *Del Tata Mallku a la Mama Pacha. Riego, Sociedad y Ritos en los Andes Peruanos.* Lima: Centro de Estudios y Promoción del Desarrollo.

VOKRAL, Edita Vera (1989), *Küchenorganisation und Agrarzyklus auf dem Altiplano. Nahrungsgewinnung, Zubereitung und Konsum in der ländlichen Gesellschaft bei Juliaca (Südperu).* Bonn: Holos Verlag.

WACHTEL, Nathan (1990), *Le Retour des Ancêtres. Les Indiens Urus de Bolivie, XVe-XVIe Siècle. Essai d'Histoire Régressive.* Paris: Editions Gallimard.

Elmar Dalesi
Rolf Kersten

Zen im Gehen

Von der Wandermeditation zum Street-Zen

Übungen nach der Lehre von Meister Nuel Rho San.
85 Seiten mit 47 schwarzweissen Abbildungen, gebunden

Die Menschen des Westens denken bei Zen vorerst an stundenlanges Meditieren im Sitzen.
Die Zen-Tradition kennt aber unterschiedliche Wege zum Erwachen: u. a. den Tee-Weg,
den Pfeilbogen-Weg, den Blumen-Weg.
Die Zen-Tradition kennt auch die Meditation im Gehen (kin-hin).
Der Zen-Meister Nuel Rho San hat diese Art des Meditierens
zu einem eigentlichen Übungsweg ausgebaut.
Er schenkt den heutigen, von der Bewegung bestimmten Menschen
den geeigneten Weg in die Stille.

Benziger Verlag Zürich und Düsseldorf

Gotama Buddha

Mein Weg zum Erwachen

Eine Autobiographie auf der Grundlage des Pàli-Kanons herausgegeben
und gestaltet von Detlef Kantowsky und Ekkehard Sass
111 Seiten mit 25 Abbildungen, gebunden

Die Autoren haben aus den vielen Reden Buddhas jene Ausschnitte zusammengetragen,
die – in richtiger Anordnung – eine Art Autobiographie ergeben.
Gotama Buddha erzählt von seiner Jugend, seinem Auszug
aus dem gewohnten fürstlichen und familiären Leben,
seinen Schritten zum Erwachen
und der Weitergabe seiner Erfahrung.

Die Bilder von Detlev Kantowsky stammen aus dem heutigen Indien,
aus jenen Gebieten, in denen Gotama Buddha damals gelebt hat.

Benziger Verlag Zürich und Düsseldorf